Ewald Schober

# Dein Buch

---

Lebe ein wahrhaft selbstbestimmtes Leben!

3. Auflage/2018

Verlag: Nova MD GmbH
Lektorat: Ilke Ettemeyer, Marianne Himmel

www.lcc-seminare.de
info@lcc-seminare.de

**ISBN**
978-3-96111-626-3

In seinem neuen Buch beschäftigt sich Ewald Schober mit einem Thema, das uns alle betrifft und beeinträchtigt: Sorgen, Ängste und Schuldgefühle. Diese Gefühle manifestieren sich in nicht förderlichen Glaubenssätzen und Traumen. Sie engen uns ein, rauben uns unsere Freiheit und sind verantwortlich für Leid und Kriege, Neid und Missgunst, Konflikte und Krankheiten.

Doch damit müssen wir uns nicht abfinden, denn jeder kann sich von Sorgen und Ängsten ein für alle Mal befreien. Dazu bedarf es letztlich nur einer klaren Entscheidung, einer Entscheidung für ein selbstbestimmtes Leben.

Wie diese Entscheidung möglich wird, das beschreibt Ewald Schober sehr anschaulich in seinem neuen Buch und beschränkt sich dabei nicht nur auf Theorien, sondern bietet praktische Übungen und Techniken an, die seine über 1000 Schüler bereits erfolgreich angewendet haben und anwenden und die auch der Leser sofort umsetzen kann.
Damit eröffnen sich neue Sichtweisen, neue Perspektiven, und der Weg in ein Leben in Harmonie und Fülle kann beginnen.

# Inhalt

# Vorwort

Ich habe den Titel „Dein Buch" gewählt, weil es dein Buch ist. Es ist nicht mein Buch. Es ist DEIN Buch. Es ist das Buch für den Menschen, für jeden Menschen, der wirklich sein Leben leben möchte.

Dieses Buch für jedermann zeigt auf, dass alles geht, bringt dich vom Wissen in die Weisheit. Es erklärt dir die Dinge auf leicht verständliche Art und Weise, es macht dich freier, verschafft dir eine neue Sichtweise. Es bringt dich zurück zu dem, was Leben wirklich bedeutet, und dann kannst du das leben, was du bist, nämlich Liebe.
Dieses Buch bringt die Anleitung und die Praxis für Erfolg, Glück und Freude.
Ich habe dieses Buch geschrieben, weil ich etwas bewegen will. Ich will eine bessere Welt, ich will den Menschen vom Leid wegbringen und ins Glück führen.
Meine Vision ist es in einer schöneren Welt zu leben, in der die Menschen nicht immer kämpfen müssen, um zu überleben, sondern in der wir alle beginnen das Leben zu verstehen und wirklich unser Leben zu leben.
Es ist Zeit, diesen Schritt zu gehen. Es ist Zeit, die Menschheit aufzuwecken, aber nicht nur aufzuwecken, sondern ihr auch Wege und Hilfen zu zeigen, wie die Veränderung wirklich machbar und für jeden umsetzbar ist.
Das derzeitige Bild von unserer Welt entspricht nicht dem, was wir uns erträumt haben. Stimmt's?
Ich würde sagen, es ist 5 vor 12, wenn nicht sogar schon später. Es ist Zeit einzuwirken. Es ist Zeit vorzuleben, nicht zu predigen. Es ist Zeit zu handeln.
Die Welt braucht Vorbilder, die Welt braucht Menschen, die zeigen, dass es möglich ist, seine Welt selbst zu gestalten, denn wenn jeder von uns seine eigene Welt gestaltet, dann liefert er anderen Menschen Ideen, die diese dann wiederum in die Welt bringen.

Es gibt so viele Welten, wie es Menschen gibt. Jeder hat seine eigene Welt, seinen individuellen Bekannten- und Freundeskreis, seine besonderen Interessen, seine eigene Wahrnehmung, seine individuelle Art zu denken und zu sprechen.
Jeder Mensch hat seine eigene Welt gebaut, aber jede Welt greift auch in andere Welten hinein, da wir gemeinsame Freunde haben, gemeinsame Bekannte, gemeinsame Interessen - eine Welt mit vielen Welten.
Ändere ich meine Welt nachweislich, indem ich etwas Neues vorlebe, verändere ich automatisch die Menschen, die in meiner Welt Kontakt mit mir haben. Diese beginnen dann ihre Welt zu verändern, und somit verändert sich wirklich die ganze Welt!
Ich habe den Titel „DEIN Buch" gewählt, weil es wirklich DEIN Buch ist und, ich betone es nochmals, weil es DAS Buch für jedermann ist. Es ist mein Auftrag an dich, es zu verbreiten.
Ich reiche dir nun die Fackel weiter. Sei ein Vorbild und setze es um. Verändere deine Welt und du wirst die Welten anderer verändern. Empfiehl ihnen dieses Buch oder, noch besser, schenke es ihnen, damit auch sie die Anleitung bekommen, wie sie ihr Leben verändern können. Dann hast du einen neuen Weggefährten, der an dieser großen Vision von der neuen Welt mit teilnimmt.
Ich möchte mich nun an dieser Stelle zunächst bei dir bedanken, dass du mir einen Teil deiner wertvollen Lebenszeit schenkst, um dieses Buch zu lesen.
Ich möchte mich bei dir bedanken, dass du bereit bist, in deinem Leben etwas Großartiges zu tun und dich selbst zu verändern, denn das ist eigentlich das Schwierigste überhaupt.
Ich bin unglaublich stolz, dass gerade du mit mir diese Zeit verbringst, und es würde mich sehr freuen und mich zu Tränen rühren, wenn ich irgendwann einmal hören dürfte, dass dieses Buch dich ein bisschen nach vorne gebracht oder dazu beigetragen hat, aus deinem Leben ein Meisterwerk zu machen. Sollte es so sein, dann wäre ich mehr als dankbar, wenn du mir ein Feedback geben würdest.

Denk daran: Ich liebe dich, und wenn du denkst: „Wie kann er das sagen, obwohl er mich gar nicht kennt?“, dann möchte ich dir mitteilen: Ich habe mich irgendwann einmal in meinem Leben als Liebe bestimmt, ich kann und ich will nicht anders. Ich denke, wir werden uns irgendwann (wieder) begegnen. Ich weiß nicht, wo. Ich weiß nicht, wie. Ich weiß nicht, ob es in Schriftform oder ob es in einer Live-Begegnung sein wird, aber ich denke, dass Menschen, die die gleiche Vision haben, sich irgendwann einmal treffen.
Viel Vergnügen beim Lesen.

Dein Freund Ewald

# Kapitel 1
# Einleitung

Seit meinem 18. Lebensjahr beschäftige ich mich mit dem Thema „Wie funktioniert der Mensch und wie funktioniert das Leben?“. Diese Frage ist, glaube ich, schon so alt wie die Menschheit. Es wurden zu diesem Thema schon viele Theorien aufgestellt, aber nur wenige sind in der Praxis umsetzbar. Trotzdem möchte ich hier an dieser Stelle allen Philosophen, allen Lebenserforschern und Trainern zum Thema „Leben“ meinen Dank aussprechen, denn sie waren Vorreiter für den Bewusstseinswandel, der sich in naher Zukunft auf der Welt vollziehen wird. Wir Menschen beschäftigen uns mit allem Möglichen: unserem Beruf, unserem Sport, den Hobbys, dem Fernsehen und vor allem mit anderen Menschen. Wir beschäftigen uns mit anderen Menschen mehr als mit uns selbst. Wir beschäftigen uns mit dem Leben Anderer mehr als mit der Frage: „Wie funktioniert mein Leben?“. Dafür können wir letztendlich nichts, denn wir werden nicht dazu angehalten, dass wir uns selbst und unser Leben hinterfragen. Wir werden über die Boulevardpresse und über gewisse Fernsehsendungen mehr dazu angehalten uns um andere Menschen zu kümmern, und das zieht seine Kreise. Wir reden mehr darüber, was unser Nachbar aus unserer Sicht falsch oder richtig gemacht hat, als dass wir uns fragen, warum das eine oder andere in unserem Leben gut oder eben nicht gut läuft.

Aber sind wir doch mal ehrlich: Es geht um unser Leben und nicht um das Leben Anderer.

Doch warum beschäftigen wir uns so selten mit unserem eigenen Leben? Alleine von der Gesellschaft her ist es doch so, dass wir für alles in unserem Leben oder fast alles eine Ausbildung brauchen. Wir brauchen aber nicht nur eine Ausbildung, sondern wir müssen am Ende auch noch eine Prüfung ablegen und bestehen. In der Schule wird ständig überprüft, ob wir nun gut rechtschreiben können oder nicht. Genauso werden wir in Mathematik, Geschichte und allen anderen Fächern geprüft. Wenn wir ein Fahrzeug lenken wollen, dann müssen wir ebenfalls in eine Schule gehen und eine Prüfung ablegen. Auch im Berufsleben ist es nicht anders. Es ist immer das gleiche Paradigma: Wir lernen, werden geprüft und bekommen eine Bescheinigung, die uns unser Können bestätigt. Doch wo finden wir dieses Paradigma in unserem Leben? Wo und wie lerne ich das Leben und wie wird geprüft, ob ich nun lebensfähig bin oder nicht? Nirgendwo! Und da wir dies nicht haben, leben die meisten Menschen meines Erachtens nicht, sondern sie überleben einfach nur. Und das ist die Ursache dafür, dass Scheidungsraten explodieren, dass immer mehr Menschen psychisch und physisch krank werden, dass es immer mehr Konflikte und Kriege gibt und auch dafür, dass wir im deutschsprachigen Raum, obwohl wir in einem wunderbaren Teil der Erde leben, in unserer Glücks-Skala nicht einmal im oberen Drittel der Weltbevölkerung liegen.

Dies alles hat mich veranlasst, nicht mehr als Trainer zu arbeiten. Stattdessen habe ich den Entschluss gefasst, eine Schule zu gründen, eine Schule für das Leben. So ist das Life-Coaching-Center entstanden, welches mittlerweile weit über tausend Schüler hat. Die Schule bringt Menschen aus den verschiedensten Altersklassen, sozialen Schichten und Berufsgruppen zusammen, vereint Gesunde und Kranke, Erfolgreiche und Erfolglose, Glückliche und Unglückliche.

Meine Forschungsergebnisse bilden die Grundlage für die Lehren in dieser Schule. Was hier passiert ist, ist das Unglaublichste, was es meines Erachtens je gegeben hat, seit es Menschen gibt. Im Schnitt verbessert sich über einen Zeitraum von sechs Monaten das Leben jedes einzelnen Schülers in 18 verschiedenen Lebensbereichen wie zum Beispiel Gesundheit, Aussehen, Finanzen, beruflicher Erfolg, materielle Lebensqualität, Glücklichsein, Familie, Liebe usw. um über 113 Prozent, das heißt, seine Lebensqualität wird binnen eines halben Jahres mehr als verdoppelt. Das haben wir mittlerweile sogar notariell begleiten und bestätigen lassen. Das heißt, wir haben nicht nur den

Schlüssel gefunden zur Beantwortung der Frage „Wie funktioniert der Mensch und wie funktioniert das Leben?“, sondern wir haben die Anleitung für ein glückliches, erfolgreiches, gesundes und zufriedenes Leben gefunden, sie unter Beweis gestellt und dokumentiert.
Zwei der 18 abgefragten Lebensbereiche sind von ganz entscheidender Bedeutung, weil sie alles beeinflussen und weil nahezu alle Menschen deshalb leiden. Diese zwei Bereiche entziehen uns unsere Lebensenergie. Sie machen uns krank, sie lassen uns erfolglos werden, sie bringen uns zur Verzweiflung, sie rauben uns den Lebensmut, sie sind der Grund für Streitigkeiten, Verbrechen und Krankheiten und letztlich der Auslöser für den Suizid. Sie sind nahezu für alles Leid auf diesem Planeten verantwortlich. Diese zwei Bereiche heißen Schuldgefühle sowie Sorgen und Ängste. Sie sind unsere wahren Feinde.
Sie sorgen dafür, dass wir nicht glücklich sind. Doch letztlich geht es im Leben nur darum glücklich zu sein. Wenn wir irgendwann auf unserem Sterbebettchen liegen und sagen können, dass wir uns in unserem Leben überwiegend glücklich gefühlt haben, dann haben wir etwas richtig gemacht. Was uns letztendlich glücklich macht, ob es das Geld, die Familie, die Liebe oder etwas Anderes ist, kann von Mensch zu Mensch durchaus unterschiedlich sein und ist es auch. Doch letztendlich haben wir alle eines gemeinsam: Wir wollen glücklich sein. Stimmt's? Diese beiden Bereiche, Schuldgefühle sowie Sorgen und Ängste, sind der Keim des Bösen, die Ursache dafür, dass wir nur überleben anstatt zu leben und das Leben zu genießen.
Da diese beiden Themen so wichtig sind, habe ich mich damit mehr als 10 Jahre meines Lebens beschäftigt. Ich habe untersucht, woher sie kommen, was sie bewirken und vor allem, ob und, wenn ja, wie man sie abstellen kann. Ich habe bei mir und bei Hunderten von Schülern unter Beweis gestellt, dass ein Leben ohne Schuldgefühle sowie ohne Sorgen und Ängste möglich ist. Im Schnitt liegt der Mensch, der in die Lebensschule eintritt, im Bereich ‚frei sein von Sorgen und Ängsten‘ auf einer Skala von 0 – 10 lediglich bei 2,4 und im Bereich ‚frei von

Schuldgefühlen‘ ebenfalls bei einem guten 2er Schnitt. Das heißt also im Umkehrschluss: Wir Menschen leben zu ca. 80 Prozent mit unseren Gedanken in Schuldgefühlen sowie in Sorgen und Ängsten und das beeinträchtigt unser Leben. Um das zu verstehen, benötigen wir nur unseren gesunden Menschenverstand. Deshalb ist jeder einzelne unserer Schüler nach ca. sechs Monaten in der Lebensschule auf dieser Skala von 0 – 10 bei einer 8. Das heißt, die Situation hat sich genau ins Gegenteil gedreht: Jetzt haben wir nicht mehr zu 80 Prozent Schuldgefühle, Sorgen und Ängste, sondern lediglich nur noch zu ca. 20 Prozent. Kannst du dir vorstellen, wie das Leben dann aussieht, wie dein Leben dann aussieht? Ein Leben ohne Schuldgefühle? Ein Leben ohne Sorgen? Ein Leben ohne Ängste? Nein, ich glaube, du kannst es dir nicht vorstellen, weil es einfach schon viel zu lang her ist, dass du das erlebt hast. Diesen Genuss hattest du lediglich im frühen Kindesalter. Stimmt's?
Es beginnt bereits mit dem ersten Gedanken am Morgen. Worauf richtet der sich? Auf „Worauf habe ich heute Lust?“ oder auf „Was muss ich heute tun? Was muss ich heute tun, damit diese Sorge oder jene Angst in meinen Leben nicht eintritt? Was muss ich heute tun, damit sie oder der schlimmste Fall nicht eintritt? Was könnte ich heute wieder gut machen, damit ich meine Vergangenheit wieder ins rechte Licht rücke?“ Kommen dir diese Gedanken bekannt vor? Sie begleiten uns den ganzen Tag. In dem Moment, in dem du das Geheimnis von Schuldgefühlen sowie Sorgen und Ängsten erkannt hast und über die für die Veränderung erforderlichen Techniken und damit über die Weisheit (Weisheit ist angewandtes Wissen) verfügst, bist du in der Lage deine Gedanken und dein Gefühl zu 100 Prozent zu drehen. Was du stattdessen dann hast, ist jenes Gefühl der Leichtigkeit und des Glücks, welches uns antreibt, die 24 Stunden des Tages wirklich zu genießen. Dieses Geheimnis, das ein lebenswertes Leben ermöglicht und die erste Voraussetzung für das Leben darstellt, welches du immer schon haben wolltest, werde ich dir in diesem kurzen Werk so einfach wie möglich darstellen. Dieses Geheimnis wurde in dieser Art und

Weise noch niemals veröffentlicht. Es ist das Geheimnis, das Hunderte von Menschen vom Unglücklich- ins GlücklichSEIN gebracht hat. Sei also gespannt, und geh mit mir auf die abenteuerlichste Reise in deinem Leben, nämlich auf die Entdeckungsreise zu dem, der du wirklich bist - ohne Schuldgefühle und ohne Sorgen und Ängste. Stelle dich diesen sinnlosen täglichen Wegbegleitern.

## Kapitel 2
## Es geht in deinem Leben nur darum glücklich zu SEIN

Um was geht es im Leben? Eine Frage – Tausende von Antworten. Da ich diese Frage auf vielen meiner Seminare gestellt habe, weiß ich, dass jeder eine andere Antwort darauf hat. Der Eine sagt: „Es geht um Liebe", der Andere sagt: „Es geht um Geld, Erfolg und Anerkennung". Wieder ein Anderer sagt: „Es geht um die Familie" oder „Es geht vor allem darum gesund zu sein, denn das ist das Wichtigste". Das sind häufige Antworten auf diese Frage, doch ich denke, letztlich gibt es fast so viele Antworten, wie es Menschen gibt. Jeder definiert das, worum es im Leben geht, anders. Aber wir haben, wie bereits im Vorwort erwähnt, alle einen gemeinsamen Nenner: Wir wollen uns in unserem Leben überwiegend glücklich fühlen. Ich denke, da kannst du mir zustimmen. Stimmt's? Wenn wir in unserem Leben sagen können, dass wir uns immer glücklich fühlen, dann sind wir dem Sinn des Lebens sehr, sehr nah gekommen. Was uns aber zum GlücklichSEIN führt, das kann, wie man an den Antworten sieht, sehr unterschiedlich sein. Den Einen macht Geld glücklich, den Anderen sein Hobby, bei dem Dritten sind es Reisen, beim Vierten ist es die Vereinsvorstandschaft, beim Fünften der berufliche Erfolg und bei den Kranken ist es die Gesundheit. Im Kern geht es jedoch immer darum glücklich zu SEIN.

Es gibt eine Frage, die diese These verdeutlicht: Stell dir vor, ich wäre der dunkle Lord. Und ich gebe dir einen Wunsch. Egal, was du dir wünschst, ich erfülle es dir sofort. Natürlich darfst du dir nicht wieder weitere Wünsche wünschen, sondern du hast nur einen Wunsch frei, den ich sofort erfülle. Als Gegenleistung gibst du mir dafür dein GlücklichSEIN. Wenn du also eine Milliarde Euro möchtest, dann bekommst du sie, aber du wirst nicht glücklich SEIN darüber, denn du musst mir all dein Glück in deinem Leben dafür geben. Wenn du gesund sein möchtest, erfülle ich dir diesen Wunsch, aber du wirst in Anbetracht deiner Gesundheit kein Glück empfinden, denn all dein

GlücklichSEIN gibst du mir als Gegenleistung. Egal, was du dir wünschst, es wird erfüllt, die Gegenleistung ist aber immer dein GlücklichSEIN - ähnlich wie damals bei dem Film von Timm Thaler, der sein Lachen verkauft hat. Ich habe diese Frage immer wieder unterschiedlichen Menschen gestellt. Keiner ist bereit, auf das Glück zu verzichten. Ich frage mich dann immer, warum die Menschen nicht hergeben, was sie eh nicht haben, denn die meisten Menschen wissen doch überhaupt nicht, wie es ist glücklich zu SEIN? Trotzdem würden sie es nicht hergeben. Wir Menschen streben nach Glück – nach GlücklichSEIN. Aber was ist GlücklichSEIN? Wir denken immer, ein Ereignis, ein Erlebnis, etwas zu bekommen, macht uns glücklich. Die richtige Antwort ist aber nicht, dass uns etwas glücklich macht, sondern GlücklichSEIN ist ein Gefühl, und das müssen wir Menschen erst mal verstehen. Es ist das Gefühl der Leichtigkeit, es ist das Gefühl der Freude, es ist das Gefühl von Spaß und Motivation. Dieses Gefühl ist der Antrieb für das Leben. Es ist Bestätigung, es ist Sicherheit, es ist Ekstase, es ist Lebensfreude. All das und viel, viel mehr ist GlücklichSEIN. Da wir zum GlücklichSEIN keine Schule und keine Ausbildung genossen haben, können wir damit nur wenig anfangen. Deshalb denken wir, dass uns Ereignisse oder etwas zu bekommen oder ein Erlebnis oder eine Unterhaltung, vielleicht ein Lob, glücklich machen. Deshalb sehnen wir uns danach und suchen immer wieder nach diesen besonderen Momenten in unserem Leben. In Wirklichkeit ist GlücklichSEIN, ich sage es nochmal, „nur" ein Gefühl, und es geht im Leben nur um das Gefühl. Es geht darum, sich glücklich zu fühlen.

## Kapitel 3
## Woher kommt ein Gefühl?

Jeder Gedanke bringt ein Gefühl mit sich. Es gibt keinen Gedanken, der nicht auch mit einem Gefühl einhergeht. Hast du einen intensiven Gedanken, hast du ein intensives Gefühl. Hast du einen oberflächlichen Gedanken, hast du kein sonderlich starkes Gefühl in dir. Wie vorher schon gesagt, beschäftigen wir Menschen uns zu wenig mit uns selbst und mit unserem Leben, sprich mit unseren Gefühlen. Ein Gefühl kann man erleben. Ein Gefühl kann man sehen, spüren. Ein Gefühl hat eine Wirkung auf dich und deinen Körper.

Experten sagen, wir Menschen bestehen aus einem physischen Körper und aus einem Emotionalkörper. Der Emotionalkörper geht durch den physischen Körper hindurch und ragt über diesen nach allen Seiten in einem Radius von ca. 20 cm hinaus. Manche sprechen hier von dem Energiefeld. Wie auch immer: Dein Gefühl, und das ist wissenschaftlich bewiesen, durchströmt deinen ganzen Körper, all deine Nerven und all deine Zellen und geht darüber hinaus. Jetzt stell dir in Gedanken bitte die Frage, wozu du wirklich Lust hast. Stelle dir diese Frage jetzt, in diesem Moment! Worauf hast du richtig Lust? Worauf würdest du dich freuen? Es ist egal, ob es realistisch ist oder nicht. Stell dir einfach mal etwas vor, was richtig schön in deinem Leben ist. Hast du das? Okay, danke! Jetzt schließe deine Augen und schau mal, wo sich das Gefühl dazu in deinem Körper, sprich in deinem Emotionalkörper, befindet. Ist es ziemlich weit unten, also im Bereich von den Füßen aufwärts bis zum Unterleib, oder spürst du es in der oberen Hälfte deines Körpers? Ich denke, da es ein freudiges Gefühl ist, etwas, was dich anmacht, muss es in der oberen Hälfte sein. Stimmt's? Gut! Jetzt schau mal, wo es genau ist. Ist es im Bauch, ist es in der Brust, ist es in der Halsgegend, ist es im Kopf? Wo ist es? Umso freudiger das Gefühl ist, desto höher spürst du es in deinem Körper. Hast du das? Okay, super! Dieses Gefühl hat auch eine Farbe. Ist es dunkel oder ist es hell? Schau mal genau hinein. Da es ein positives Gefühl ist, muss es ziemlich hell sein. Stimmt's? Was bewirkt dieses Gefühl? Engt es dich ein? Drückt es auf deine Brust oder auf deinen Magen, oder ist es befreiend und weit? Ich denke, da es ein gutes Gefühl ist, ist es befreiend und weit. Stimmt's? Zieht es dich nach hinten, oder zieht es dich nach vorne? Nach vorne, stimmt's? So einfach ist es, ein Gefühl genauer zu erfassen, und das ist wichtig, denn in unserem Leben dreht sich alles nur um eines: darum, wie wir uns fühlen.

Jetzt hast du dir ein positives Gefühl genauer angesehen. Nun möchte ich, dass du dir mal ein Schuldgefühl herholst, irgendein Schuldgefühl, vielleicht das schlimmste Schuldgefühl, das du immer mit dir trägst, das dich schon seit Jahren immer wieder an eine Schuld erinnert. Das Schuldgefühl, das dich in Wirklichkeit nicht leben lässt. Hol dir dieses Gefühl her und mach' wieder das Gleiche wie gerade eben. Schau, wo es in deinem Emotionalkörper sitzt: Ist es in der unteren Körperhälfte, unten an den Beinen bis zum Unterleib? Oder sitzt es weiter oben? Ich denke, und ich weiß, wenn es ein negatives Gefühl ist, sprich, ein Schuldgefühl, sitzt es ziemlich weit unten, stimmt's? Ist es hell oder ist es dunkel? Stellst du fest, dass es dunkel ist? Macht es dich weit und befreit, oder drückt es auf deinen Magen, auf deine Brust, schnürt es dir den Hals zu? Ich denke, Letzteres. Jetzt hast du auch den Unterschied erkannt zwischen einem schönen Gefühl und einem nicht schönen Gefühl in Form eines Schuldgefühls.

So einfach ist es, ein Gefühl genauer zu erleben und zu hinterfragen. Doch jetzt möchte ich noch, dass du dir eine Sorge und / oder eine Angst herholst, irgendeine, vielleicht sogar die gravierendste Sorge, die du täglich mit dir herumträgst, die dich aktuell beschäftigt, oder eine Angst, die du vielleicht jeden Tag in dir spürst. Hast du das Gefühl? Okay, schau wieder hin. Wo ist es? Ist es in der unteren Hälfte des Körpers oder in der oberen? Ich denke, in der unteren, stimmt's? Ist es hell oder ist es dunkel? Es ist dunkel. Ist es befreiend oder schnürt es dir den Magen zusammen? Ich denke, Letzteres. Nun bist du schon sehr, sehr weit gekommen: Wir haben jetzt Gefühle, um die es ja

ausschließlich geht im Leben, genauer angesehen, als wir Menschen es normalerweise tun. Nun erkennst du, welche Wirkung unsere Gefühle haben. Du erkennst, wie sich die Lebensenergie auf deine Gemütsverfassung auswirkt. Also analysieren wir nochmals: Zuerst hatten wir ein gutes Gefühl, das uns anmacht, etwas, worauf wir Lust haben. Dann sind wir mit dem Schuldgefühl und auf eine andere Art und Weise mit den Sorgen und Ängsten ins andere Extrem gegangen. Stimmt's?
Schuldgefühle, Sorgen und Ängste nehmen uns die Lebensfreude, rauben uns die Energie und wirken auf unseren Körper. Jedes Gefühl, und das kann dir jeder Mediziner bestätigen, hat einen Einfluss auf deinen Gesundheitszustand sowie auf deine Leistungsfähigkeit und deine Lebensfreude. Damit stellt sich die folgende Frage: Wie kannst du in deinem Leben überhaupt glücklich werden, wenn du ständig Schuldgefühle, Sorgen und Ängste mit dir herumträgst? Antwort: GAR NICHT! Vielleicht hast du schon Bücher gelesen oder Vorträge von irgendwelchen Lehrern besucht, die dann oftmals etwas sagen wie: „Stell sie einfach ab! Schuldgefühle bringen nichts. Du kannst nichts mehr daran ändern. Also vergiss sie". Das ist Blödsinn. Das ist eine oberflächliche Antwort, die in der Praxis noch nie funktioniert hat. Das Gleiche gilt für Sorgen und Ängste.
Manche Positivlehrer sagen: „Kümmere dich einfach nicht darum." Das ist jedoch leichter gesagt als getan, denn jeder Mensch hat im Schnitt 60.000 Gedanken pro Tag, und Wissenschaftler haben schon vor Jahren herausgefunden, dass diese Gedanken zu 85 bis 95 Prozent aus unserem Unterbewusstsein kommen. Unterbewusst heißt letztendlich „unter dem Bewusstsein". Das bedeutet, dass nahezu alle Gedanken, die du am Tag hast, unkontrolliert sind und einfach mal aus der Speicherung aus deinem Unterbewusstsein entstehen. Das heißt, wir sind gar nicht verantwortlich dafür, sondern sie kommen aus unseren im Unterbewusstsein abgelegten Gewohnheiten zu denken und zu fühlen. Letztendlich sind wir nicht die Schöpfer, letztendlich sind wir Opfer unserer Gedanken, und jeder Gedanke geht mit einem

Gefühl einher, und dieses Gefühl beeinträchtigt unsere Lebensqualität. Ich habe in einem Buch mal einen wunderbaren Spruch dazu gelesen: „Unser Bewusstsein, unser Tagesbewusstsein, unser Verstand ist eine reine PR-Aktion unseres Unterbewusstseins, damit wir meinen, dass wir etwas mitzureden haben". Wir Menschen im 21. Jahrhundert denken, dass wir für alles verantwortlich sind, alles steuern, alles selber entscheiden. Doch dem ist nicht so, denn – wie schon erwähnt – kommen 85 bis 95 Prozent all unserer Gedanken, all unserer Reaktionen, all unserer Handlungen nicht aus dem Verstand, sondern aus dem Unterbewusstsein. Und was dort abgelegt ist, ist bestimmt von dem, wie wir in unserem Leben konfiguriert wurden. Darauf werde ich in einem weiteren Buch noch genauer eingehen.
Wir halten fest: Jeder Gedanke wird zu einem Gefühl. Es geht im Leben nur darum, wie wir uns fühlen (wir wollen uns glücklich fühlen). 85 bis 95 Prozent unserer Gedanken sind unkontrolliert, kommen nicht aus dem Verstand, sondern aus dem Unterbewusstsein, sprich aus unserer Gewohnheit zu denken. Unsere Gewohnheit zu denken ist in den meisten Fällen sehr belastet durch Schuldgefühle und durch Sorgen und Ängste. Diese von Schuldgefühlen, Sorgen und Ängsten belasteten Gedanken bringen negative Gefühle mit sich, also das Gegenteil von GlücklichSEIN. Somit kommen wir dem Ziel unseres Lebens, uns glücklich zu fühlen, nie wirklich näher. Tatsächlich ist es unmöglich mit Schuldgefühlen, Sorgen und Ängsten glücklich zu SEIN. Fragst du dich jetzt immer noch, warum du nicht glücklich bist?

# Kapitel 4
# Wie funktioniert das Leben?

Das Leben, die Matrix, das Universum, Gott - nenn' es, wie du willst - gestaltet die Außenbereiche entsprechend deinem Gefühlszustand. Das ist so! Schau zurück: Warum erleben Menschen immer das Gleiche? Die Frau, die von ihrem Mann geschlagen wird, trennt sich von ihm. Dann lernt sie jemand neuen kennen und wird wieder geschlagen. Der Mensch, der an seinem Arbeitsplatz gemobbt wird, wechselt den Arbeitsplatz und wird wieder von den Kollegen gemobbt. Der Mann, der nie eine Frau findet, findet sie auch nicht woanders, egal wo er hingeht. Doch der Kollege, der weniger attraktiv ist als er, jedoch denkt und fühlt, dass er begehrenswert ist, bekommt, egal wo er ist, immer wieder die Bestätigung durch die aufmunternden Blicke. Stimmt's?

Der, der immer sagt: „Ich verdiene zwar Geld, aber mir bleibt nichts übrig", wird das immer erleben. Und der, der sagt: „Ich werde nie zu Geld kommen", wird es auch genauso erleben.
Es ist immer das Gleiche: Das Innen bestimmt das Außen.
Die Matrix, das Universum, egal wie du es nennst, setzt immer wieder deine Außenbereiche nach deinem Gefühlszustand. Dies wurde wissenschaftlich bereits vor 10 Jahren durch das HeartMath Institut in Kalifornien bewiesen. Der Teil unseres Körpers mit dem stärksten elektromagnetischen Feld ist das Herz, und unser Herz ist verantwortlich für unsere Gefühle. Es ist wissenschaftlich bewiesen, dass die Ereignisse und Erlebnisse, die in deinem Leben eintreten, von deinem Gefühl bestimmt werden. Warum integrieren wir Menschen diese wahrhaft große Erkenntnis, diese wissenschaftlich bewiesene Tatsache nicht in unser Leben? Damit wird das Leben doch so einfach. Wenn du dich im Innenbereich gut fühlst, dann muss das Außen folgen, obwohl es dann gar nicht mehr so wichtig ist. Es spielt auch gar keine Rolle mehr, denn wir fühlen uns ja schon gut. Wir lassen ab. Wir

lassen los. Wir heben die Wichtigkeit auf und erhöhen somit die Chance, weil wir es nicht brauchen. Somit kommen wir nicht mehr aus 'Schmerz vermeiden', sondern aus 'Freude spüren', und sollte diese These der Wissenschaftler gar nicht wahr sein: egal! Wir haben trotzdem gewonnen. Was ist denn, wenn ich mich im Moment immer super fühle, es mir saugut gehen lasse, voller Stolz, frei von Sorgen, frei von Schuldgefühlen bin? Auch wenn andere sagen würden: „Das versteh ich nicht, dass du so locker bist. Warum bist das? Bist du Bruder Leichtfuß?" Wir sind glücklich. Wir verspüren Lebenslust und Lebensfreude und damit haben wir doch schon gewonnen! Und ich sage dir noch etwas: Es wird genauso passieren. Wir haben es bewiesen mit weit mehr als 1000 Probanden. Diese unglaubliche Entwicklung all unserer Schüler hat nur deshalb stattgefunden, weil wir dort begonnen haben, wo jeder beginnen kann, und mit dem, was jeder selbst beeinflussen kann, und das ist sein Innenbereich. Wenn der Innenbereich verändert ist, dann muss sich das Außen automatisch verändern. „Klar", wirst du jetzt sagen, „aber wie soll das gehen? Ich habe nun mal die eine oder andere Mangelsituation im Außen, an der ich derzeit echt leide. Deswegen war ich ja nicht okay. Deswegen habe ich doch Schuldgefühle. Deswegen lebe ich doch momentan im Mangel". Deswegen sage ich dir jetzt, ich als Bruder Leichtfuß, dass das okay ist. Du wusstest es nicht besser. Ich wiederhole mich hier gern: Wir werden im Leben auf alles vorbereitet: Führerschein, Kochkünste, Berufsausbildung. Überall brauchen wir Ausbildungen, überall werden wir geprüft, aber das Leben dürfen wir so leben, wie wir in unserer Unwissenheit wollen. Warum? Weil es keine Lebenslehrer gibt. Es gibt keine Schulen dafür außer unserer, sondern maximal Seminare. Wir haben eine Schule, eine Schule, in der ich erkenne, erfahre, und meine Lernerfolge überprüfen kann, eine Schule, in der ich mich hineindenke und -fühle in das, was Leben bedeutet, und es lebe. Glaub mir, das Leben gibt dir immer die Situationen, die Ereignisse und die Erlebnisse, die dem entsprechen, was du jetzt im Moment gerade fühlst, damit du genau in diesem Gefühl wieder bestätigt wirst. Das ist das Geheimnis des Lebens, das ist das universelle Gesetz. Das Außen ist die Folgeerscheinung vom bisherigen Innen. Das Innen ist nicht die Folgeerscheinung vom Außen, sondern das Außen ist die Folgeerscheinung meiner eigenen Bewertung meines Außen und genau da liegt der Knackpunkt, denn die Bewertung hängt davon ab, mit wem oder was du dich vergleichst. Ich sage immer: „Egal was in meinem Leben eintritt, es hätte mich schlimmer treffen können. Das habe ich gut gemacht". Jetzt sagst du: „Spinnst du?!" Ich sage: Ich lebe so leichter und somit folgt mir die Matrix und damit auch das Leben. Bisher, mein Freund, bist du dem Leben gefolgt. Jetzt ist es Zeit, dass das Leben dir folgt. Das Leben funktioniert nach diesem Gesetz, da es mein Gefühl immer bestätigen muss. Schau zurück in deinem Leben. Schau auf deinen Nachbarn, schau auf deine Kollegen. Es ist immer das Gleiche. Die Menschen, die sich schwach fühlen, erleben Schwäche. Die Menschen, die sich stark fühlen, erleben das Gefühl der Stärke in ihren Erlebnissen. Die Menschen, die immer meinen, sie werden schlecht behandelt, erleben genau diese Situationen, und die Menschen, die glauben, dass sie wahre Macher sind, erleben genau das. Was wählst du? Es gibt keine Wahrheit. Es ist immer eine Frage der Wahl, die du triffst. Natürlich sagen die Menschen: „Das ist die Wahrheit, weil das alle so tun". Darauf sage ich immer: „Außer sie ist es nicht!" Ändere dein Innen. Und das kannst du IMMER! Dann bist du frei und dein Außen wird und muss dir folgen. Und noch was zu deinem derzeitigen Außen: Akzeptiere und begrüße es. Du wirst sagen: „Wie soll ich das begrüßen? Ich bin doch krank, ich bin doch finanziell am Ende", oder „Ich habe keine großen Perspektiven". Ich sage dir: Du sollst es begrüßen! Das ist doch genau der Beweis für das, was ich dir bisher gesagt habe. Der Beweis dafür, dass das Außen deinem Gefühlszustand, deinem Innen folgt. Akzeptiere den derzeitigen Stand und sogar den Worst Case. Sei bereit zu verlieren, wenn es so sein soll. Schau ihn dir aber vorher an, denn damit gehst du in die Freude. Alles, was jetzt kommt, ist ein Plus. Stell dir mal dieses Leben vor: Du bist jetzt bereit alles zu verlieren, weil du jetzt alles in deinem Innen neu bestimmst und den entsprechenden Weg gehen kannst, den noch fast keiner vor dir gegangen ist. Und du bist bereit zu verlieren. Wenn es so sein soll, OKAY! Dann ist doch jeder Punkt, der nach oben geht, ein Highlight. Kannst du das fühlen? Kannst du das spüren? Weißt du, was ich meine? Mir hat diese Lebenseinstellung in Rekordzeit aus tiefen Krisensituationen, die ich letztendlich durch mein Gefühl selbst verursacht hatte, herausgeholfen.

## Kapitel 5
## Die einzigen Feinde in meinem Leben und was sie anrichten!

Wir denken, wir haben Feinde: Menschen, die uns nicht mögen, hassen, uns etwas neiden oder die verletzt worden sind durch uns, Ämter, die uns unser Geld wegnehmen wollen, uns Vorschriften machen oder uns schikanieren, die Pharmaindustrie, die für Profit unsere Gesundheit aufs Spiel setzt, Politiker, die sich mit unserem Vertrauen ihren Erfolg bauen, die Wirtschaft, die alles teurer macht, der Mann, der deiner Frau immer schöne Augen macht, die Sucht, die unsere Gesundheit immer stärker beeinträchtigt, die Krankheit, die auf ein böses Ende zusteuert, der Kollege, der auf unsere Position scharf ist.

Die Liste geht ewig weiter und ist beliebig, unterschiedlich und unendlich lang. Gegen all die, die wichtig sind von diesen Feinden, müsstest oder solltest du dich wehren, du solltest kämpfen oder zumindest wachsam sein. Stimmt's? All diese Dinge und Menschen sind nicht wirklich unsere Feinde, das sind nur Auswirkungen unserer wahren Feinde und das sind lediglich zwei! Die zwei wahren Feinde des Menschen sind: 1. Schuldgefühle und 2. Sorgen und Ängste! Das sind die einzigen! Das ist von der Anzahl her sehr gut, da es nur zwei sind, aber sie sind mächtig und verursachen all das oben Genannte und noch viel, viel mehr. Durch Schuldgefühle, die wir mit uns herumtragen, vermitteln wir uns selbst den Glauben und das Gefühl, dass wir nicht okay, klein, nichts wert, befleckt sind und es verdient haben, Schlechtes und Ungerechtigkeiten zu erleben. Sie entziehen uns die Kraft, unsere Energie, unsere Wachsamkeit und unsere Lebenslust. Sie machen uns krank, sie machen uns unfähig zu träumen (da wir ja das Schöne nicht verdient haben), sie machen uns unattraktiv, ungerecht, vorsichtig und bringen uns weg vom Leben hin zum täglichen Überleben. Sie erschaffen unseren zweiten Feind, sprich

Sorgen und Ängste, da wir aufgrund unserer Schuldgefühle glauben, generell kein Glück zu haben im Leben.
Wir gehen raus aus dem Fluss des Lebens, wir gehen raus aus dem Flow, aus dem Bereich des Vertrauens darauf, dass alles im Leben funktioniert. Wir denken, wir müssen mehr tun, wir müssen mehr kämpfen, wir müssen vorsichtiger sein. Deshalb tun wir mehr und weniger gelingt. Wir beeinträchtigen dadurch sowohl unsere psychische als auch unsere physische Gesundheit. Sorgen und Ängste bringen uns um den Schlaf. Sie rauben uns unsere Ausstrahlung, unsere Attraktivität. Wir bekommen Sorgenfalten. Wir denken, dass wir anderen etwas wegnehmen müssen, um wirklich zu profitieren. Wir denken, wir müssen Macht erringen, um sie dann zu unserem Vorteil zu nutzen, um dann endlich sorgenfrei zu sein. Durch dieses Denken und dieses Verhalten erschaffen wir unsere, wie ich sie nenne, imaginären Feinde, sprich Kriege und Ungerechtigkeiten und all die Menschen, die uns nicht mögen. Wir erschaffen damit den Hass und den Neid, Verletzungen, Kontrolle durch die Ämter, die Profitgier der Politik, die Vielzahl an Vorschriften und Gesetzen, die Macht der Pharmaindustrie, Vertrauensmissbrauch, Krankheiten und die Kollegen, die auf unsere Position scharf sind und uns mobben. All das sind die Auswirkungen von Schuldgefühlen sowie von Sorgen und Ängsten. Da wir jedoch alle Schuldgefühle sowie Sorgen und Ängste haben, weil wir alle so denken und handeln, halten wir das für normal, und deshalb ist die Welt so, wie sie ist: eine Welt voller Feinde. In Wirklichkeit sind es jedoch nur die zwei genannten Feinde, die verantwortlich sind für all das Leid auf dieser Welt: Mord, Verbrechen, Streitereien, Mobbing, Betrug, Scheidungen, zerrüttete Familien, Beleidigungen, Verletzungen, gestörte Kinder und so weiter und so fort. Stell dir vor, wenn es die Schuldgefühle sowie Sorgen und Ängste nicht gäbe, wie wäre dann die Welt?
Ich sage es dir: Es wäre jeder für jeden da. Alle würden allen helfen. Wir wären im Fluss des Lebens. Wir würden Vertrauen haben in uns, in unsere Stärke und unsere Größe, da wir wüssten, dass wir es

verdient haben. Wir wären glücklich und würden anderen Menschen zum Glück verhelfen. Wir wären gesünder und erfolgreicher. Wir wären voller Liebe, und die Welt wäre lebenswert. Findest du eine Welt ohne Schuldgefühle, Sorgen und Ängste nicht auch toll? Dann habe ich eine gute Nachricht für dich: Schuldgefühle, Sorgen und Ängste hat es nie gegeben! Sie existieren nur in deinem Kopf. Sie waren nie wirklich existent.

## Kapitel 6
## Es geht im Leben nur darum, wie wir uns fühlen!

Es geht immer um das Gefühl. Machen wir ein Beispiel: Die meisten Menschen hätten gerne viel Geld. Warum hätten sie gerne viel Geld? Antwort: Weil sie sich dann sicher fühlen. Stimmt's? Weil sie dann anerkannt werden, weil sie Freiheit verspüren, sich im Reichtum wohlfühlen. Merkst du was? Es geht nicht um das Geld. Es geht nicht um den Reichtum. Es geht um das Gefühl! Es geht darum, Freiheit zu fühlen, Sicherheit zu fühlen. Deswegen wollen wir in den verschiedenen Lebensbereichen immer das Maximum, weil wir denken, dass wir uns dann glücklich fühlen. Wir wollen gesund sein, weil wir dann sehr, sehr glücklich sind. Wir wollen sehr attraktiv sein, das Maximum haben in unserer Erscheinung, weil wir uns dann in diesem Bereich sehr, sehr gut fühlen. Wir wollen viel Geld haben, weil wir uns dann sicher, frei und anerkannt fühlen. Wir denken, wenn wir das Maximum in unserem Leben erreichen, dann haben wir das maximale Gefühl dazu.

Das ist aber ein Trugschluss, denn es bedeutet, dass du im Moment kein gutes Gefühl hast, und genau dieses Gefühl erzeugst du für die Zukunft und wirst so in genau diesem Gefühl wieder bestätigt. Wenn wir uns also in der Gegenwart schlecht fühlen, da wir noch nicht dort sind, wo wir gerne wären, dann leiden wir in der Gegenwart. Das heißt, wir sind unzufrieden, sehen somit unsere bisherige Entwicklung (Vergangenheit) negativ und haben wenig Glauben in die Zukunft. Und genau in diesem Gefühlszustand werden wir immer wieder bestätigt, wobei sich jeder Mensch auf ein gewisses Gefühlslevel einpendelt, das jeweils nur ein bisschen nach oben oder unten ausschlägt.
Würden wir hier wieder eine Skala von 0 bis 10 annehmen, dann ist 0 nichts fühlen und 10 absolute Euphorie und Ekstase. Auf dieser Skala pendeln sich die Menschen irgendwo ein und werden dies im Leben immer wieder entsprechend erfahren. Ich konnte das beobachten und

mittlerweile auf Grund der vielen Forschungen auch beweisen. Mit meinem Gefühl entsteht ein Gedanke von gleicher Qualität, der wiederum ein entsprechendes Gefühl erzeugt. Und aus diesem Gefühl entstehen wieder meine nächsten Gedanken und wieder die nächsten Gefühle. Somit bleibe ich in Bezug auf meine Gefühle und Gedanken immer auf dem gleichen Level und werde in meinem Leben immer wieder darin bestätigt. Es bringt dir also absolut nichts, wenn du deine derzeitige Lebenssituation in den verschiedenen Lebensbereichen einfach als ungenügend oder als Versagen bezeichnest, denn, wenn du das tust, dann erzeugst du kein gutes Gefühl, und die daraus resultierenden Gedanken werden dich in diesem Gefühl wieder bestätigen. So bleibst du auf dem Niveau, auf dem du zu denken und zu fühlen gewohnt bist.

Der wichtigste Punkt ist, dass, egal wo du im Moment stehst, du dir selbst bewusst machst, dass du nichts dafür kannst. Du wusstest nicht, wie das Leben funktioniert, du wusstest nicht, wie deine Gefühle entstanden sind. Wir bekommen alles im Leben gelehrt. Doch wie das Leben funktioniert, sprich, was meine Gefühle erzeugt, und es geht nur um Gefühle, wird uns in keiner Schule auf der Welt (außer im LCC ☺) gelehrt. Solange du nicht weißt, wie es geht, kannst du nichts dafür. Doch jetzt weißt du es!

Klopf dir auf die Schulter und sei stolz, dass du das Leben, obwohl du nicht gewusst hast, wie es wirklich funktioniert, trotzdem bisher so toll gemeistert hast. Und mach dir bewusst, was du jetzt in deinem Leben mit diesem Wissen anfangen kannst. Du konntest bis heute nichts dafür. Akzeptiere, wie es im Moment ist. Du hast aus bestem Wissen und Gewissen das Beste für dich und deine Welt getan. Stimmt's? Denk mal zurück, du warst immer darauf aus, dass du liebevoll bist, dass du für dich und deine Liebsten sorgst, dass du verantwortungsbewusst bist und dass du den Kampf des Lebens irgendwie gewinnen kannst, zumindest durchs Überleben. Also hast du das Beste getan und aus diesem Blickwinkel darfst du wirklich sehr, sehr stolz auf das sein, was du bisher erreicht hast.

# Kapitel 7
# Gefühle erschaffen die Welt!

„Wenn du positiv denkst", sagen Positivdenker, „kommen positive Dinge in dein Leben (in dein Außen). Denkst du negativ, kommen negative Dinge in dein Leben". Dies wurde sogar wissenschaftlich belegt, denn das Gehirn sendet mit den Gedanken elektromagnetische Wellen aus und zieht gleich schwingende Wellen in dein Leben. Vor 10 Jahren hat das HeartMath Institut in Kalifornien jedoch eine weitere Studie veröffentlicht und damit belegt, dass nicht das Gehirn mit seinen Gedanken für das verantwortlich ist, was im Leben passiert, sondern es ist dein Herz. Das Herz sendet ebenfalls Wellen aus, jedoch sind die elektromagnetischen Wellen des Herzens 5000mal stärker als die des Gehirns. Das heißt: Dein Herz entscheidet in Form von Ereignissen und Umständen über das, was in deinem Leben passiert.

Die Sprache des Gehirns sind die Gedanken. Die Sprache des Herzens ist das Gefühl. Also ist es das Gefühl, das darüber entscheidet, welche Umstände und welche Ereignisse in dein Leben treten. Diese Ereignisse und diese Umstände erschaffen das Gefühl, das du in der Gegenwart hast. Wenn du mit diesem Gefühl in deine Vergangenheit schaust, weckst du so wieder Gefühle in dir, die du dann in der Gegenwart verspürst. Erkennst du den Kreislauf? Das Leben kopiert das Gefühl der Gegenwart und somit gibt es dir wieder Erlebnisse und Umstände für die Zukunft, die es dir ermöglichen, das gleiche Gefühl wieder zu erleben.
Beispiel: Es gibt Menschen, die tragen immer das Gefühl der Hoffnung in sich. Sie sagen: „Okay, das muss ich noch erledigen, aber dann wird's aufgehen". Diese Menschen werden genau in diesem Gefühl der Hoffnung immer wieder bestätigt: Das Leben schaut herunter und fragt dich nie, was du willst, sondern es fragt dich immer, wer du bist, und du demonstrierst, wer du bist in Form deiner Gefühle. Wenn du also das Gefühl hast: „Ich muss das noch erledigen, aber dann geht

mein Leben auf", also Hoffender bist, dann wirst du, auch wenn du diese Sache erledigt hast, wieder etwas bekommen, was zu erledigen ist, damit du weiter darauf hoffen darfst, dass es dann aufgeht. Merkst du das? Ängstliche Menschen haben zum Beispiel Angst im Straßenverkehr und fürchten, dass ihnen irgendjemand in ihr Auto fahren könnte. Deshalb sind sie immer vorsichtig und das Leben schickt ihnen Situationen, die sie darin bestätigen, dass sie vorsichtig sein sollten. Das Leben schickt ihnen deshalb keinen Unfall, das Leben schickt ihnen jemanden, der ein bisschen auf ihre Straßenseite fährt, jemanden, der weiter in die Kreuzung hinein fährt und sie so ein bisschen beängstigt. So wird immer das gegenwärtige Gefühl in Form von Ereignissen und Erlebnissen in die Zukunft projiziert. An dieser Stelle möchte ich mich bei den Verfechtern des positiven Denkens, die immer sagen, dass sie positiv denken und so positive Erlebnisse in ihr Leben kommen, für diese These bedanken, denn sie hat mir den Anstoß gegeben. Doch gleichzeitig muss ich dieser These nun widersprechen, denn nicht der Gedanke ist entscheidend, sondern das damit verbundene Gefühl. Das bedeutet auch, dass, wenn du heute negativ denkst, nicht der „Worst Case" eintreten muss, sondern nur, dass du in dem damit verbundenen Gefühl bestätigt wirst: Wenn du einfach nur Angst hast, wirst du in der Angst bestätigt. Wenn du hoffend bist, wirst du dahingehend bestätigt, dass du weiter hoffen kannst. Wenn du meinst, du musst immer etwas tun, um zu überleben, wirst du genau darin bestätigt. Du bekommst immer Aufgaben, du musst immer etwas tun. Bist du aber freudig in deinem Leben, wirst du immer wieder freudige Erlebnisse haben. Bist du zufrieden, wirst du immer wieder Dinge erleben, die dich zufrieden machen. Bist du der Wissende, wirst du in deinem Wissen bestätigt. Das Gefühl ist entscheidend, darum geht es. Fassen wir noch einmal zusammen: Die Qualität deiner Gedanken, die ein Gefühl erzeugen, resultiert aus der Qualität deines derzeitigen Gefühlszustands in der Gegenwart. Egal in welche Zeitzone du gedanklich gehst, über deinen Gefühlszustand in der Gegenwart entscheidest du darüber, wie du im nächsten Moment denken und wie du dich im nächsten Moment fühlen wirst. Dieser Gefühlszustand ist der Ausgangspunkt und somit muss dich das Leben in genau diesem Gefühlszustand bestätigen, in dem du dich gerade befindest. Das Leben sieht immer auf dich herab und fragt dich: „Wer bist du?“, und du demonstrierst, wer du bist, in Form deines Gefühls und somit muss dir das Leben die Bühne für das geben, was du fühlst, sprich für den, der du bist.

## Kapitel 8
## Die beiden einzigen Motive des Menschen

Es gibt genau zwei Motive, warum du etwas tust und warum du etwas nicht tust. Es gibt keine fünf, keine zehn, keine dreißig. Es gibt genau zwei. Das eine ist 'Freude spüren', und das andere ist 'Schmerz vermeiden'. Diese beiden Motive bestimmen auch unsere Art zu denken. Als wir auf die Welt kamen und noch, als wir Kinder waren, war 'Freude spüren' unser Motiv und unser Antrieb.

Wenn du zu einem Kind sagst: „Du musst dies oder jenes tun", dann tut es das widerwillig. Wenn du die Aufforderung jedoch als Wettbewerb tarnst, indem du sagst: „Wer zuerst den Schlafanzug anhat, hat gewonnen", dann macht das Kind aus Freude darüber mit. Das Kind will 'Freude spüren', das ist die menschliche Natur, das ist Leben. Leben heißt, glücklich SEIN. Und wenn du glücklich SEIN möchtest, dann kommst du aus dem Motiv 'Freude spüren' und niemals aus 'Schmerz vermeiden'.
Mit zunehmendem Alter werden wir jedoch durch unser Umfeld und durch die Gesellschaft (die Menschen wissen es nicht besser, sie haben keine Lebensschule besucht) so konditioniert, dass wir uns immer mehr darauf konzentrieren, Schmerz zu vermeiden. Wir müssen lernen, damit wir keine schlechten Noten haben. Wir müssen dies oder jenes tun, um anerkannt zu werden. Wir müssen uns benehmen, damit wir unseren Platz in der Gesellschaft finden. Wir müssen brav und artig sein, damit Papa stolz auf uns ist. Wir müssen zur Arbeit gehen, damit wir Geld verdienen. Immer tun wir Dinge, um Schmerz zu vermeiden. Doch 'Schmerz vermeiden' ist verbunden mit Gedanken wie „Das muss ich unbedingt tun, sonst passiert dies oder jenes". Welches Gefühl ruft das in dir hervor? Bingo! Wieder ein schlechtes. Somit erzeugt auch dein nächster Gedanke, egal in welche Zeitzone (Vergangenheit, Gegenwart oder Zukunft) er gerichtet ist, wieder genau das gleiche

schlechte Gefühl und so bleiben wir immer im gleichen Fahrwasser. Das einzige Motiv, das uns wirklich etwas bringt, ist 'Freude spüren'. Du kannst auch Dinge, die du meinst tun zu müssen, mit Freude tun. Denn alles, was du aus 'Schmerz vermeiden' tust, sprich um etwas zu behalten, um nicht zu verlieren, wird nichts Positives mit sich bringen. Du kannst aber auch Freude darauf entwickeln, weil du dann, wenn du dies oder jenes getan hast, etwas bekommst. Stimmt's? Denk an das Gleiche wie vorher. Mach dir bewusst, was du bekommst, wenn du das tust. Und du wirst 'Freude spüren' und ein gutes Gefühl haben und somit hast du deinen aktuellen Gefühlszustand alleine mit deinen Gedanken ins Gegenteil gedreht. Dadurch ist auch dein nächster Gedanke mit diesem positiven Gefühl verbunden, dieses Gefühl wird in die Zukunft projiziert und du erfährst Situationen, in denen du wieder Freude verspürst.

Das Thema 'Schmerz vermeiden' sollten wir für immer aus unserem Leben verbannen, doch das ist leichter gesagt als getan – dazu später mehr. Mach dir an dieser Stelle erst einmal bewusst, dass du gar nicht anders konntest, denn umso mehr wir in unserem Leben erschaffen, desto mehr wollen wir es halten.

Dazu ein Beispiel: Jemand hat ein Haus gebaut. Damit sind viele Anstrengungen verbunden: Die Finanzierung muss auf die Beine gestellt, es muss geplant, vielleicht auch mit den eigenen Händen mitgebaut und eingerichtet werden. Das alles geschafft zu haben, ist eine große Leistung, die aus der Freude auf dieses Haus möglich war. Deswegen hat es funktioniert. Wenn das Haus dann steht, dreht sich das Motiv von 'Freude spüren' in 'Schmerz vermeiden'. Du wirst geleitet von den Gedanken an das, was du tun musst, um das Haus zu halten: die monatlichen Unterhaltskosten aufbringen, immer wieder Reparaturen durchführen lassen, bestimmte Ausgaben tätigen, die du als Mieter eventuell nicht hattest etc. All das ist im Verhältnis zu dem, was du zuvor mit dem Hausbau geleistet hast, eigentlich ein Leichtes. Doch umso mehr wir erschaffen, desto mehr handeln wir aus 'Schmerz vermeiden', denn wir wollen das ja alles behalten. Wie viele Menschen

scheitern in ihrem Vorhaben ein Haus zu bauen? Kaum jemand. Doch wie viele schaffen es nicht ihr Haus zu halten? Sehr viele.
Die Quintessenz ist somit: Wenn du aus 'Schmerz vermeiden' kommst, wird es dir nie gelingen. Wenn du aus 'Freude spüren' kommst, wird es dir immer gelingen. Wie schon erwähnt, liegt der Grund dafür darin, dass dich das Leben immer in deinem Gefühl bestätigt. „Ich muss das Haus halten" bedeutet den Schmerz eines möglichen Verlustes zu vermeiden und damit geht ein schlechtes Gefühl einher. Stimmt's? Das Leben schaut herab und fragt: „Wie fühlst du dich?" Und du antwortest: „Ich fühle mich nicht gut. Ich bin ängstlich. Ich muss viel tun, um mein Leben so zu halten", und das Leben sagt: „Genau darin werde ich dich wieder bestätigen". Deswegen bleibt das Leben ein Kampf. Würdest du aber sagen: „Ich werde mein Haus nicht nur halten, sondern ich werde es immer schöner machen", dann wird das Leben dich genau in diesem Gefühl wieder bestätigen. Aus diesem guten Gefühl heraus entstehen weitere gute Gedanken, die wiederum gute Gefühle erzeugen, egal in welcher Zeitzone deine Gedanken sich befinden. Wenn du heute aus 'Freude spüren' kommst, funktioniert es. Wenn du aus 'Schmerz vermeiden' kommst, kann es nicht funktionieren. Es geht nicht! Du glaubst mir nicht?
Schau dein Leben an! Ist dir bewusst, dass du immer das Gleiche erlebst? Denk mal darüber nach! Du erlebst doch immer wieder die gleiche Story. Es sind zwar andere Darsteller, es ist vielleicht eine andere Stadt, die Story ist ein bisschen abgewandelt, aber im Kern bleibt sie immer gleich: Der Müssende bekommt immer die Aufgabe des Müssens zugeteilt. Der Zufriedene bekommt immer wieder Dinge zugeteilt, mit denen er zufrieden ist. Der richtig Glückliche, der hat in allem Glück. Er lässt 1 Euro fallen und hebt 5 Euro wieder auf. Der Ängstliche wird immer wieder in der Angst bestätigt. So funktioniert das Leben: Wenn du aus 'Freude spüren' kommst, ist das Leben schöner und es funktioniert. Kommst du aus 'Schmerz vermeiden', ist das Leben nicht schön, weil du in der Gegenwart kein gutes Gefühl hast. Somit siehst du auch die Vergangenheit negativ und projizierst

dieses negative Gefühl in die Zukunft. Also komme aus 'Freude spüren'. Wie? Dabei helfe ich dir.

# Kapitel 9
# So funktioniert das Leben wirklich!

Die Frage, wie das Leben funktioniert, ist so alt wie die Menschheit! Ich habe die Antwort in einem Satz zusammengefasst. Dieser Satz lautet: „Lass es dir in der Gegenwart einfach immer saugut gehen“. Das ist die Quintessenz des Lebens. So einfach ist es. Wenn du es dir jetzt in diesem Moment saugut gehen lässt, werden automatisch deine Gedanken, egal in welche Zeitzone du sie richtest – Vergangenheit, Gegenwart oder Zukunft - sich dort die Gedanken holen, die zu deinem Gefühl passen. Du bekommst wieder das gleiche gute Gefühl und wirst somit wieder darin bestätigt.

Das Leben verläuft so, wie du es dir im Moment gehen lässt, so wird deine Vergangenheit, deine Gegenwart und deine Zukunft sein. Alles! Du projizierst es in dein Leben. So einfach ist das Leben, oder, wenn dir das Wort ‚Leben‘ nicht gefällt, kannst du dafür ‚Gott‘ oder ‚Universum‘ oder ‚die Matrix‘ einsetzen, es ist egal, wie du es bezeichnest. Das Leben ist die größte Kopiermaschine der Welt. Sie kopiert dich in der Gegenwart und setzt dich so in alle drei Zeitzonen. Für die Quintessenz des Lebens braucht es kein dickes Buch oder tausende von Vorträgen, sie umfasst nur einen einzigen Satz: „Lass es dir einfach saugut gehen!“
Doch hier kommen wir natürlich wieder an unsere Grenzen, denn, wenn das Leben so einfach wäre, dann würde es ja jeder tun. Auch du denkst das. Um es uns wirklich immer saugut gehen zu lassen, müssen wir ausbrechen aus unseren bisherigen Denkgewohnheiten, durch die wir immer leiden. Also komm immer aus 'Freude spüren' und lass es dir immer saugut gehen.

## Kapitel 10
## Wie kann ich es mir immer saugut gehen lassen, wenn ich doch Sorgen und Ängste sowie Schuldgefühle habe?

Wir haben in manchen Dingen eine Dringlichkeit und Not. Es eilt. Wir müssen Risiken und Gefahren abwägen, und wir sind in manchen Lebensbereichen ganz einfach unzufrieden. Stimmt's? Da ist ‚Lass es dir saugut gehen' leichter gesagt als getan. Es wäre leicht, wenn wir keine Sorgen und Ängste hätten, wenn wir keine Dringlichkeit oder Notwendigkeiten verspüren würden und wenn wir in allen Lebensbereichen am Maximum und zufrieden wären. Stimmt's? Aber solange das nicht so ist, wird uns dieser Satz nichts bringen, weil wir einfach Sorgen und Ängste haben, weil wir in manchen Dingen eine Dringlichkeit, eine Not und Wichtigkeit haben und einfach in manchen Lebensbereichen unzufrieden sind. Dadurch kommen wir in diesen Bereichen automatisch aus dem Gefühl 'Schmerz vermeiden'. Dieses Gefühl verstärkt aber den ‚Alles wird schlimmer'-Gedanken, denn das Leben gibt dir das, was du fühlst oder wer du bist, und schon sind wir wieder im Hamsterrad.

Wenn du im Moment gerade ganz aufgekratzt bist und sagst: „Ja, ich werde es mir saugut gehen lassen, aber dieses Problem, da muss ich noch was tun, da muss ich noch was machen, und dann lass ich es mir gut gehen". Weißt du, wer du jetzt wieder bist? Das Leben schaut auf dich herab und fragt: „Hey, wer bist du?", und du demonstrierst es mit deinem Gefühl. Du sagst: „Ja, ich lasse es mir saugut gehen, aber zuerst muss das erst einmal erledigt werden. Dann bin ich glücklich". Dann wird das Leben sagen: „Gut, dann gebe ich dir wieder Dinge, die du zuerst noch erledigen musst, damit du dann glücklich bist". So geht es immer weiter, immer weiter, immer weiter und immer weiter. Wenn du also bei dieser Aussage bleiben möchtest, dann schlage das Buch jetzt zu und leg es weg. Dann macht es keinen Sinn weiterzulesen. Es wird sich nichts ändern, denn die Frage ist doch, wie du aus diesem

Hamsterrad herauskommst. Hier wiederhole ich mich gerne: Akzeptiere, dass die Vergangenheit dein Bestes bekommen hat! Du hast bisher das Beste getan für deine Vergangenheit aus deinem damaligen Wissensstand. Mach dir deshalb keine Vorwürfe! An dieser Stelle möchte ich dir beweisen, dass es Schuldgefühle überhaupt nicht gibt! Schuldgefühle sind eine reine Erfindung des Menschen. Schuldgefühle haben nichts mit deiner Realität zu tun. Schuldgefühle sind das Unsinnigste und das Blödeste, was es überhaupt gibt. Sie sind lächerlich. Seitdem ich diese Erkenntnis hatte, ist es mir völlig unbegreiflich, wie ein Mensch, wenn er dieses Wissen hat, jemals noch ein Schuldgefühl mit sich herumtragen kann. An dieser Stelle möchte ich dir erklären, wie ein Schuldgefühl entsteht:

Geh zurück in die Vergangenheit und suche dir eine Situation aus, durch die du heute noch ein Schuldgefühl mit dir herumträgst. Geh gedanklich in diese Situation hinein. Schau dir an, wie du dich damals gefühlt hast und was du damals gedacht hast. Und ohne dass ich in deinen Kopf sehen kann, sage ich dir, wie die Situation entstanden ist: Du musstest schnell eine Entscheidung treffen, manchmal sogar in einer hundertstel Sekunde. Vielleicht hattest du auch länger Zeit, eine Entscheidung zu treffen. Das heißt jedoch nicht, dass es einfacher war. Es war, wie es war. Du warst in beiden Fällen gefordert. Manchmal ist es sogar schwieriger, eine Entscheidung zu treffen, wenn du mehr Zeit hast, denn dann springen deine Gedanken in den verschiedenen Zeitzonen umher, spiegeln aber dennoch nur dein derzeitiges Gefühl wider. Wenn du also ein Problem zu meistern hast und in einem schlechten Gefühl bist, werden deine Gedanken von diesem Gefühl gesteuert und du trittst in den verschiedenen Zeitzonen in Resonanz mit den entsprechenden Gedanken. Es spielt also keine Rolle, ob du für eine Entscheidung viel oder wenig Zeit hattest. Entscheidend ist, dass du zum damaligen Zeitpunkt, mit dem damaligen Wissen, in der damaligen Situation das Beste gewählt hast. Stimmt's? Hättest du eine andere, eine bessere, eine vernünftigere Entscheidung treffen können, dann hättest du es getan, oder? Aus deinem damaligen Wissensstand

heraus war es die optimale Entscheidung und entsprechend hast du gehandelt. Bedenke: Jede Entscheidung, jedes Handeln, jede Vorgehensweise hat eine Wirkung. Du setzt eine Ursache und dies hat eine Konsequenz, immer. Das ist so. Das ist weder schlecht noch gut! Es ist einfach so. Du hast also damals eine Entscheidung getroffen aus deinem damaligen Wissensstand, und diese Entscheidung hatte Konsequenzen, eine Wirkung, die dir nicht gefallen hat. Du warst unzufrieden, du hast aus deiner Sicht vielleicht versagt und jetzt sprichst du mit jemandem und der sagt zu dir zum Beispiel: „Hey, das hättest du ganz anders machen sollen. Schau mal, hättest du es so und so gemacht, dann hätte es bestimmt geklappt", und du sagst: „Stimmt. Mein Gott, war ich blöd.... Ich habe einen Fehler gemacht. Ich habe etwas falsch gemacht. Ich habe Schuld auf mich genommen". STOPP!!! STOPP!!! STOPP!!! Du vergleichst Äpfel mit Birnen.
Du hast zum damaligen Zeitpunkt, in der damaligen Situation, mit dem damaligen Wissensstand, aus deiner damaligen Sicht das Bestmögliche gewählt. Jetzt beschreibt dir jemand eine neue Sicht, die du aber damals nicht auf dem Schirm hattest oder von deren Auswirkung du nicht überzeugt warst. Sonst hättest du sie ja gewählt. Warum vergleichst du also den heutigen Wissensstand mit der heutigen Perspektive aus der heutigen Situation mit dem damaligen Wissensstand mit der damaligen Situation und deinem damaligen Gefühlszustand? Ich gehe sogar noch weiter: Deine Gedanken, deine Lösungsansätze, die du im Kopf hast, sind immer der Spiegel deines aktuellen Gefühlszustands. Schau mal zurück, wie du dich damals im Moment dieser Entscheidung gefühlt hast! Vermutlich warst du in einer Notsituation, in einer Zwangslage oder Zwickmühle. Du hast dich schlecht gefühlt und hattest somit Gedanken, die dich in diesem schlechten Gefühl bestätigt haben.
Verstehst du den Kreislauf? Du kannst nichts dafür. Schuldgefühle gibt es nicht. Du glaubst es immer noch nicht? Na, dann setz dich jetzt nochmal hin und hol dir in Gedanken das Schuldgefühl her, das dich am meisten in deinem Leben beeinträchtigt hat. Hol es genau jetzt her!

Schreib es auf ein Blatt Papier! Und jetzt stell dir die Frage: „Würde ich, wenn ich heute zurückblicke, in der damaligen Situation, mit dem damaligen Wissen, in der damaligen Umgebung und mit dem damaligen Gefühl nochmal genauso handeln?" Ich sage dir: „Ja, du würdest es!" Dass du es mit dem heutigen Wissen nicht mehr tun würdest, ist klar! Logisch! Du hast daraus gelernt, aber zum damaligen Wissensstand und in der damaligen Situation und mit deinem damaligen Gefühlszustand war es genau das Richtige. Schuldgefühle gibt es also nicht. Und noch was: Damals wusstest du nicht, wie das Leben funktioniert. Heute weißt du es. Du kannst aus einem schlechten Gefühl heraus keine gute Entscheidung treffen, weil sie in dem Moment, egal ob du sie aus der Vergangenheit, der Gegenwart oder der Zukunft holst, diesem Gefühl entsprechend ausfällt.
Das heißt also, dass du, wenn du dich schlecht fühlst, keinen guten Lösungsansatz finden wirst, denn das Leben gibt dir jetzt die Idee und zeigt dir den Weg, der dich wieder zu dem gleichen oder zu einem noch schlechteren Gefühl führt. Verstehst du das? Schuldgefühle gibt es nicht. Schuldgefühle sind eine Erfindung des Menschen. Schuldgefühle sind die Söhne und Töchter der Vergangenheit und haben mit der Gegenwart nichts zu tun. Schuldgefühle finden nur im Kopf statt. Sie sind auf der Welt nicht präsent. Sie haben keine Materie angenommen. Sonst bist du doch auch so nüchtern und glaubst nur, was du siehst. Wo siehst du nun Schuldgefühle in deinem Leben? Wo? Es gibt sie nicht! Wenn ich dir sage, deine Gefühle projizieren sich in die Zukunft, dann überlegst du, ob das stimmen kann oder nicht... Aber wenn ich dich frage, ob Schuldgefühle existieren, bejahst du. Aber wo siehst du sie, wo hörst du sie, wo schmeckst du sie, wo riechst du sie? Schuldgefühle sind nutzlos! Schuldgefühle bringen nur Negatives. Schuldgefühle sind die wahren Feinde des Menschen. Schuldgefühle haben extreme Auswirkungen. Schuldgefühle entziehen dir deine Energie, deine Kraft, deine Lebensgrundlage. Sie beeinflussen deine Gegenwart und sie beeinflussen den Verlauf deiner Zukunft, deines

weiteren Lebens. Schuldgefühle sind Feinde, sind nutzlos. Schuldgefühle existieren nicht.
Also lass ab davon! Schreibe sie dir einzeln auf, und stell dir immer wieder die Frage: „Würde ich zum damaligen Zeitpunkt mit dem damaligen Wissenstand, mit den gleichen Gefühlen, die ich damals hatte, nochmals die gleiche Entscheidung treffen?“, und du würdest wieder JA sagen! Also für was schämst du dich? Du hast deinem Leben das Beste gegeben.

## Kapitel 11
## Verstehe, dass das Leben wirklich so funktioniert!

Dein Leben wird immer aus deinem derzeitigen Gefühlszustand und auch einem länger andauernden Gefühlszustand erzeugt. Wir sind es gewohnt, in einem bestimmten Gefühlszustand zu leben. Nach meiner Erfahrung leben die meisten Menschen auf einer Skala von 0 bis 10 zwischen 1 und 3. So bekommen sie Ergebnisse, Erlebnisse und Umstände in ihrem Leben, die dem Level von 1 bis 3 entsprechen. Versteh, dass es so ist. Vertraue darauf und glaub daran, denn nur so ist Veränderung möglich! Du kannst jetzt sagen: „Das ist eine gute These, aber ich traue dem Ganzen nicht. Ich bleibe lieber bei meiner alten Gewohnheit, da weiß ich, dass ich zwischen 1 und 3 bleibe und nicht auf 0 falle".

Das ist eine tolle Lebenseinstellung. Das ist spielen, um nicht zu verlieren. Das ist das 'Schmerz vermeiden'-Prinzip. Ich möchte dich aufrütteln, möchte dich ermutigen. Ja, ich möchte dich motivieren, dass du das Leben verstehst und aus diesem Verständnis heraus lebst. Ich sage dir nochmals, wie das Leben funktioniert: Das Leben sieht permanent auf dich herunter und fragt: „Hey, wer bist du?" und du antwortest mit deinem Gefühl. Dieses Gefühl erzeugt wieder den nächsten Gedanken, egal welcher Zeitzone er entspringt - der Vergangenheit, der Gegenwart oder der Zukunft. Der Gedanke entspricht eins zu eins deinem Gefühl und erzeugt so wieder ein Gefühl, in dem du erneut bestätigt wirst. So bekommst du Ergebnisse und Erlebnisse vom Leben, die dir genau dieses Gefühl wieder bestätigen.
So funktioniert das Leben. Wenn du dein Gefühl veränderst, wenn du dich heute entscheidest, einfach mal glücklich zu sein, einfach keine Schuldgefühle mehr zuzulassen, Sorgen und Ängste ein für alle Mal aus deinem Leben zu streichen - die Technik dafür gebe ich dir später -, dann wirst du in deinem Leben positive Gedanken und Gefühle haben,

und die Umstände, Erlebnisse, Begegnungen und Ereignisse in deinem Leben werden dich darin bestätigen. Triff die Entscheidung, dass es so ist! Geh den Weg in ein neues Leben! Das alte Leben hast du doch bereits zigtausend Mal erlebt und du weißt, wie es ausgeht: Es verändert sich so gut wie nichts. Und wenn du meinst, nur bei dir verändert sich nichts, und alle anderen sind glücklich, dann täuschst du dich. Glaub mir: Alle Menschen haben Probleme, egal wie sie sich vielleicht nach außen präsentieren, und kein Mensch ist richtig glücklich und hat das Leben bisher richtig erfasst (außer die LCC-Schüler).
Sieh dich doch mal um in der Gesellschaft: Wer läuft denn herum und ist ständig glücklich, hat die Mundwinkel nach oben gezogen - vielleicht die Menschen, die am längsten gelebt haben, die Rentner? Ist das so? Siehst du glückliche Menschen? Es heißt immer, dass es im Leben nur darum geht glücklich zu sein. Angeblich kennt jeder Mensch von uns ca. 1500 Menschen, das heißt, es gibt ca. 1500 Menschen in seinem Leben, zu denen er einen Bezug hat. Wie viele von diesen 1500 sind immer glücklich? Keiner? KEINER? (LCC-Schüler ausgenommen). Die bisherige Art zu denken, funktioniert also offensichtlich nicht. Lass dich auf ein neues Abenteuer ein. Triff die Entscheidung, ein neues Leben zu leben. Du gehst doch auch nicht ins Kino und siehst dir einen Film 1000 Mal an. Irgendwann wird er langweilig. Genauso ist es doch in deinem Leben: Lass uns neue Wege gehen, neue Wege, die nachweislich funktionieren.

Wenn das Leben wirklich so funktioniert, wie ich es dir sage und ich es schon 1000fach unter Beweis gestellt habe, dann ist das Leben doch einfach. Stimmt's? Denk darüber nach! Wäre es nicht ein Anreiz, wäre das nicht toll, wenn es wirklich so ist? Dass du dich in der Gegenwart gut fühlst? Wie das geht, weißt du ja jetzt. Fokussiere dich einfach auf etwas, egal in welcher Zeitzone, was dir gefallen hat. Es bringt ein

Gefühl mit sich und dein nächster Gedanke wird die gleiche Qualität haben, egal in welche Zeitzone er gerichtet ist. In der Gegenwart erzeugt er wieder das dementsprechende Gefühl. So wirst du immer wieder bestätigt. Das Leben sieht auf dich herab, fragt dich, wer du bist, und du präsentierst es mit deinem Gefühl. Jetzt wird dir das Leben Erlebnisse und Ereignisse geben, die dich wieder in diesem Gefühl bestätigen. Wenn es wirklich so einfach ist, dann ist das Leben doch einfach. Stimmt's? Wenn du das Leben so lebst, es aber doch nicht stimmen sollte, was ich dir hier sage, was passiert dann? Überlege: Du denkst jetzt wirklich nur an schöne Dinge. Die schönen Dinge bringen dir schöne Gefühle und es stimmt nicht, was ich dir gesagt habe, was ist denn dann passiert? Ich sage es dir: Du hast trotzdem gewonnen! Denn es ging dir ja gut, oder? Und als es dir gut ging, hast du die Vergangenheit positiver betrachtet, oder? Somit hast du an Selbstwertgefühl gewonnen und wieder ein gutes Gefühl gehabt. Außerdem warst du besser drauf und somit effizienter und leistungsfähiger, weil du aus dem Spaß herausgekommen bist, aus 'Freude spüren'.
Für was entscheidest du dich also? Für die neue Lebens- und Denkart oder dafür, bei der alten zu bleiben? Ich weiß, die Entscheidung erfordert Mut, aber du hast nichts zu verlieren. Du kannst nicht verlieren! Ich verspreche dir, du wirst gewinnen, genauso wie jeder andere, der sich vor dir schon darauf eingelassen hat. Wenn du bei deiner herkömmlichen Denkart bleibst, sprich aus 'Schmerz vermeiden' kommst, aus Schuldgefühlen, aus Sorgen und Ängsten, was wird sich dann in deinem Leben verändern? Du weißt doch, wie es dann läuft, oder? Du hast den Film ja schon tausend Mal gesehen. Glaubst du, dass er beim tausendundersten Mal anders ist? Beobachte dein Leben, deine Mitmenschen und deine Welt! Ist das nicht der Beweis, dass es so wie es ist, nicht funktioniert? Wenn du aber immer noch im altem Schema bleibst, also in deiner alten Denkgewohnheit, in deiner alten Lebensform, aus 'Schmerz vermeiden' kommst, aus Sorgen und Ängsten und aus Schuldgefühlen und es doch stimmt, was

ich dir sage, dass diese Gefühle deine Welt erschaffen, welche Chance hast du dann verpasst? Welche einmalige Chance hast du dann ungenutzt verstreichen lassen? Wie viele Jahre hast du dann verschenkt? Was verschenkst du dann alles an Glück, Frieden, Zufriedenheit, Liebe, Erfolg, Selbstbewusstsein, Ausstrahlung?
Ich glaube, der Preis ist zu hoch, oder? Wofür entscheidest du dich also? Es gibt nur eine einzige Antwort, und die heißt: Verändere dich und verändere die Welt! Verändere heute dein Leben zu einem schönen Leben. Entscheide dich, dass du positive Dinge denkst, egal in welcher Zeitzone, das ist vollkommen egal. Und kommt ein negativer Gedanke, dann gebe ich dir einen Tipp: Sag einfach: „Für dich habe ich im Moment keine Sprechstunde". Schick ihn weg! Konzentriere dich wieder auf etwas Positives - mit deinen Gedanken, aber auch mit deinen Worten. Hör auf, immer mit irgendwelchen Menschen über negative Dinge zu sprechen, egal ob es die Gegenwart, die Zukunft oder die Vergangenheit betrifft! Alles erzeugt ein Gefühl und dieses Gefühl bringt wieder deine nächsten Worte, deine nächsten Gedanken, deine nächsten Ereignisse. Du wirst immer darin bestätigt. Also triff die Entscheidung, die Entscheidung für ein neues Leben - ein Leben voller Spaß und Freude. Du gewinnst von der ersten Sekunde an. In dem Moment, in dem du die Entscheidung triffst ein neues Leben zu leben, ein Leben, in dem du es dir saugut gehen lässt, in dem Moment hast du in der Gegenwart gewonnen. Du siehst deine Vergangenheit in einem besseren Licht und du gestaltest deine Zukunft neu.

## Kapitel 12
## Leichter gesagt als umgesetzt. Stimmt's?

Jetzt werden wir zu dem Schlüssel kommen, wie du die Notwendigkeit, das Problem oder das, was dir im Moment dringlich erscheint, aufheben kannst und dies dann in 'Freude spüren' verwandelst. Jetzt wirst du in die Alchemie des Lebens eingewiesen. Jetzt wirst du Probleme in Chancen drehen. Du wirst all das, was dir dein ganzes Leben lang den Magen zugeschnürt, die Gurgel abgedreht hat, jetzt in ein weit öffnendes Gefühl des Herzens, in 'Freude spüren' verwandeln, egal wie sehr du vorher aus 'Schmerz vermeiden' gekommen bist. Das ist die Alchemie des Lebens. Denn wenn du dich veränderst, dann ändert sich deine Welt. Jetzt wird es ernst. Jetzt bekommst du einen Schlüssel, den kaum ein Mensch auf diesem Planeten a) kennt und b) umgesetzt hat. Sei also gespannt! Lass uns auf eine abenteuerliche Entdeckungsreise gehen zur Wahl der Alchemie deines Lebens.

## Kapitel 13
## Alles, was ich mir ansehe, löst sich auf. Alles, dem ich mich widersetze, wird stärker und bleibt bestehen!

Das ist der wichtigste Leitsatz schlechthin. Ich wiederhole: Alles, was du dir ansiehst in deinem Leben, löst sich auf. Alles, dem du dich widersetzt in deinem Leben oder das du ignorierst, wird stärker. Jetzt wirst du sagen: „Stopp, stopp! Ich habe doch immer gehört: „Konzentriere dich nicht auf Probleme und Sorgen, denn wenn du dich darauf konzentrierst und damit beschäftigst, bekommt das schlechte Gefühl Energie und wird stärker“.

Ich weiß, dass diese These sehr weit verbreitet ist im ‚New-Age-Denken‘, und ich gehe davon aus, dass du sie angewendet hast. Und jetzt stell ich dir die Frage: „Was hat es dir gebracht?“ Die Wahrheit ist: Alles, was ich mir ansehe, löst sich auf, verliert an Stärke. Alles, dem ich mich widersetze, wird stärker. Stell dir vor, du hast einen Feind, den du nicht kennst. Du weißt nur, dass er dich boykottiert. Er schmeißt dir vielleicht die Fensterscheiben in deinem Haus ein. Er legt dir Kot unter die Tageszeitung vor deinem Haus. Er redet schlecht über dich. Er mobbt dich bei deiner Arbeit. Du weißt aber nicht, wer es ist. Du kennst ihn nicht und du weißt nicht, wozu er in der Lage ist. Hast du nicht vor so einem unbekannten Feind mehr Angst, als wenn du weißt, wer er ist und was er kann?
Wenn wir Menschen ein Problem haben, wenn wir eine Notwendigkeit haben, wenn wir eine große Sorge, eine große Angst haben, passiert bei uns Folgendes: Die meisten unserer 60.000 täglichen Gedanken werden zu diesem Problem gelenkt, bewusst oder eben hauptsächlich unbewusst. Das lässt sich auch logisch begründen, weil du in diesem Gefühl, in dem du steckst, den nächsten Gedanken bekommst. Du kennst den Kreislauf mittlerweile. Die meisten deiner täglichen Gedanken, sprich 85 bis 95 Prozent deiner unbewussten, aber auch deiner bewussten Gedanken drehen sich um dieses Problem. Die

unbewussten Gedanken sind ein Gedankenwirrwarr, der einfach in deinem Kopf entsteht und den du nicht bewusst geordnet hast. Dieser malt dir ein Horrorszenario, das so niemals bestätigt wird. Ich gebe dir dafür ein Beispiel:
Wie bereits gesagt, haben die meisten Menschen, egal in welcher sozialen Stellung sie sich momentan befinden, Existenzängste und finanzielle Sorgen. Der Reiche hat Angst, sein Geld zu verlieren, die Mittelschicht hat Angst, ihren Job zu verlieren, und der Arme hat Angst, dass es noch schlimmer wird. Jetzt kommen diese unkontrollierten Gedanken in deinen Kopf. Sie schießen von links nach rechts, von unten nach oben, sie kommen von allen Seiten und sie malen dir ein Horrorszenario aus. Die Ursache hierfür liegt in der Funktion unseres Reptiliengehirns, das wir früher zum Überleben brauchten, als wir noch gegen wilde Tiere gekämpft haben, die unsere Dörfer überfielen und unsere Vorräte stahlen.
Das Reptilien-Gehirn hat die Aufgabe, für die Befriedigung unserer sieben Grundbedürfnisse zu sorgen: 1. Menschen zu finden, die zu mir passen 2. In meinem Rudel erwünscht zu sein, 3.Schutz vor Gewalt, 4. Existenz sichern, 5. Entscheidungsfreiheit, 6. Macht und 7. Sex und Fortpflanzung. Bei jeder noch so kleinen Bedrohung eines dieser Grundbedürfnisse malt uns das Reptiliengehirn ein Horrorszenario. Das heißt also, bei finanzieller Angst sagt es mir: „Ich werde alles verlieren. Ich habe dann kein Dach mehr über dem Kopf, ich lebe auf der Straße, ich habe kein Geld mehr für Nahrung, ich habe kein Geld mehr für Wärme, ich werde frieren und alles wird schlimmer und alle Menschen werden mich verlassen“.
Doch jetzt schau dir das Ganze mal nüchtern an: Du lebst in einem Sozialstaat. Du wirst vielleicht nicht das gewünschte Dach über dem Kopf haben, aber du wirst ein Dach über dem Kopf haben. Du wirst dir vielleicht nicht jeden Tag die gewünschte Nahrung kaufen können, aber du wirst etwas zu essen haben. Und dass dich alle Menschen in deinem Leben verlassen, weil du finanziell versagt hast, ist ja wohl sehr weit hergeholt... Merkst du was? Deine unkontrollierten Gedanken

malen dir ein Horrorszenario aus, das furchtbar grausam erscheint, aber der Realität niemals entsprechen wird.
Wir Menschen sehen uns aber ein solches Horrorszenario nicht nüchtern an, sondern wir kneifen die Augen zusammen, ziehen die Schultern nach oben, den Kopf ein und sagen: „Um Gottes willen, was kommt da auf mich zu? Bitte, lieber Gott, lass diesen Kelch an mir vorüberziehen“. Vielleicht denken wir dann auch noch: „Wenn ich dem Problem keine Beachtung schenke und damit keine Energie gebe, verschwindet es“. Nein, es bleibt! Die Sorge und die Angst bleiben, weil sie immer wieder Energie bekommen durch deine unbewussten Gedanken. Und jeder unbewusste Gedanke bringt wieder ein Gefühl mit sich. Dieses Gefühl wird wieder bestätigt und spiegelt sich im nächsten Gedanken wider, und der wird wieder von Angst bestimmt. Und so geht der Kreislauf weiter. Wenn du dich also widersetzt, sprich das Problem ignorierst, wird es stärker, der Feind wird groß und mächtig. Er sagt dir, dass er alles mit dir machen kann. Er kann dir alles nehmen: Du liegst auf der Straße. Du hast kein Geld. Du bekommst keine Liebe etc. Du willst nicht hinsehen. Du willst die Augen zu machen. Du willst ihn ignorieren. Doch das geht nicht. Je länger dieser Feind im Dunkeln existiert, dieser Geist, dieser böse Feind, je länger du nicht hinsiehst und dir klarmachst, wer er ist, umso stärker werden in deinem Leben die Ängste und die Sorgen.
Wenn du dir deinen Feind jedoch ansiehst, dann weißt du, wer er ist, und du weißt, was er tun kann. Mach nun das Gleiche mit den finanziellen Sorgen, deinen finanziellen Ängsten. In dem Moment, in dem du diese mit deinem gesunden Menschenverstand ansiehst, wird dir klar, dass es vielleicht nicht angenehm und erstrebenswert ist, aber, wenn das alles ist, was er kann, dann ist er doch gar nicht so mächtig, wie du anfangs befürchtet hast. Stimmt's? Nun wird sich deine Angst entsprechend verringern, und auch deine Sorgen werden an Gewicht verlieren. Stimmt's? Also sieh dir deine Sorgen und Ängste an! Alles, was du dir ansiehst, löst sich auf. Alles, dem du dich widersetzt, bleibt bestehen. Hier noch ein Tipp: Wenn du diese Übung

machst und dir deine Sorgen ansiehst, dann tu es nur in einem guten Zustand. Tu es NIE in einem schlechten Zustand. Tu es nie in der Verzweiflung. Denn du weißt, wie das Spiel dann weitergeht: In dem Moment bekommst du wieder Gedanken, die dich in deiner negativen Sicht bestätigen, jedoch nicht real sind. Also wirst du wirklich glauben, dass du unter der Brücke schläfst, obwohl es gar nicht geht. Und du wirst wieder das passende Gefühl dazu erhalten. Egal was du tust oder denkst in deinem Leben, mache es nur in einem guten Zustand.

## Kapitel 14
## Der Change Booster!

Ich habe eine Technik erfunden, die es dir erlaubt, dein größtes Problem, deine größte Sorge, deine größte Angst, den Bereich, in dem du aus 'Schmerz vermeiden' kommst und dieses schlechte Gefühl hast, in 'Freude spüren' zu drehen. Am Ende dieser Übung wirst du sogar dankbar sein, dass du im Moment dieses Problem hast.

Das hört sich vielleicht merkwürdig an, und du kannst es jetzt noch nicht glauben, doch du wirst es sehen. Es hat bisher bei jedem funktioniert. Die großen Probleme wurden aufgehoben und in eine Chance verwandelt. Wenn du das geschafft hast, kommt deine Lebensfreude zurück. Du bist stark und effizient und wendest die Gesetze des Lebens für dich an. Dann muss das Leben so reagieren, dass das Problem gelöst wird. Bist du jetzt gespannt? Dann lass es dir erklären.

1. Schreib dir deine drückendste Sorge, dein tiefstes Schuldgefühl oder deine größte Angst auf. Schreib dir das auf, für das es am notwendigsten ist, dass es sich dreht in deinem Leben, dass es abgewendet wird. Schreib dir das auf, was dir am meisten unter den Nägeln brennt oder dich schon dein ganzes Leben lang verfolgt. Du kannst das mit jedem Problem machen. Suche dir aber jetzt im Moment eines aus und bitte nimm das schwierigste und bleib gedanklich immer bei diesem Thema. Okay! Hast du es? Gut, sehr gut!

2. Schließe jetzt die Augen und überprüfe, wo in deinem Körper, in deinem Emotionalkörper das schlechte Gefühl zu deinem Problem, deiner Sorge, deinem Schuldgefühl oder deiner Angst sitzt. Ist es in der unteren Hälfte des Körpers oder ist es weiter oben? Es ist immer so, dass das negative Gefühl umso tiefer im Körper sitzt, je stärker es ist. Umso freudiger ein

Gedanke ist, desto weiter sitzt er in deiner oberen Körperhälfte. Also überprüfe mal, wo das schlechte Gefühl ist. Du siehst es? Okay, wunderbar! Ist dieses Gefühl weit und befreiend oder zieht es dich zusammen und engt dich ein? Ich denke, Letzteres. Das muss auch so sein, denn ein Problem engt und schnürt uns immer ein. Der Volksmund sagt ja auch: „Es schnürt uns den Hals zu. Es verkrampft sich der Magen". Ist das Gefühl hell oder ist es dunkel? Dunkel? Wenn es ein Problem ist, wenn es dich belastet, ist es immer dunkel und niemals hell! Jetzt hast du es lokalisiert. Du hast es dir angesehen.

3. Jetzt stell dir bitte eine Skala von 0-10 vor. Unten ist 0, oben 10. Gib ihr die Überschrift 'Schmerz vermeiden' und Wichtigkeit / Notwendigkeit. Wie hoch ist auf dieser Skala für dich die Wichtigkeit, das Problem zu lösen, die Situation zu drehen? Ich bin sicher, die Wichtigkeit / Notwendigkeit, das 'Schmerz vermeiden', wird ziemlich hoch sein und vermutlich bei 10 liegen. Die Priorität ist sehr hoch, stimmt's? Okay. Nun stell dir eine zweite Skala von 0-10 vor. Diese trägt die Überschrift 'Freude spüren' und Wahrscheinlichkeit / Chance. Das bedeutet: Wie wahrscheinlich ist es, dass dieses Problem sich irgendwie dreht? Wie gut stehen die Chancen, dass es gut ausgeht? Wie hoch ist die Wahrscheinlichkeit, der Glaube daran, dass dieses Problem doch noch gelöst wird? Ohne in deinen Kopf zu sehen, weiß ich, dass die Zahl hier weit niedriger liegt als bei der Wichtigkeitsskala. Das heißt, du wirst bei Wichtigkeit und 'Schmerz vermeiden' wahrscheinlich eine 10 haben und hier bei 'Freude spüren' oder Chance, dass es sich dreht, maximal eine 4. Stimmt's? Woher ich das weiß? Es muss so sein, sonst wäre es ja kein Problem für dich.

4. Jetzt sieh dir bitte den Worst Case an, das Schlimmste, was passieren kann. Wie wäre es zum Beispiel, wenn du wirklich pleite wärst? Beantworte diese Frage mit deinem logischen Menschenverstand und in einem guten Gefühl. Du kannst dies gedanklich machen oder auch schriftlich. Male dir den Worst Case aus, den schlimmsten Fall, der eintreten könnte. Doch tu es - wie gesagt - mit logischem Menschenverstand und in einem guten Gefühl. Also denke zuerst einfach mal noch schnell an etwas, was dich in deinem Leben sehr freut. Und los geht's. Gut gemacht! Toll! Ich muss dich loben, denn die meisten Menschen haben Angst vor dieser Übung, Angst überhaupt hinzusehen. Du bist mutig, du bist stark, sonst hättest du es nicht getan. Jetzt überprüfe bitte die Skala – zuerst die Skala von Wichtigkeit / Notwendigkeit. Wo ist jetzt dieses 'Schmerz vermeiden', sprich die Notwendigkeit? Es ist bereits um Einiges gefallen. Stimmt's? Du hast es dir angesehen, und somit musste es fallen! Und jetzt geh rüber in die andere Skala, zu 'Freude spüren' und damit zu der Frage: „Wie hoch ist die Chance, dass es sich doch noch dreht?" Du wirst feststellen, die Chance ist gestiegen. Stimmt's? Woher ich das weiß? Es ist immer so. In dem Moment, wo die Wichtigkeit um 2 Punkte fällt, steigt die Chance in gleichem Maße an.

Mach dir bewusst, dass wir 100 Prozent Gefühle zur Verfügung haben, und so wie ein Gefühl auf der einen Seite fällt, muss es auf der anderen Seite steigen. Schließ jetzt ruhig mal wieder die Augen und schau, wo dein Gefühl, das Gefühl zu deinem Problem jetzt sitzt. Ist es immer noch so weit unten wie zuvor oder ist es schon weiter oben? Weiter oben. Stimmt's? Es ist heller geworden, stimmt's? Und es ist weiter geworden, stimmt's? Woher ich das weiß? Es ist so! Es ist die Widerspiegelung deines Gefühls, sprich deiner Wahrnehmung. Jetzt möchte ich, dass du dich fragst, wie dein Leben in zwei

Jahren aussieht, wenn das Problem nicht gelöst wurde. Du hast dir den Worst Case ausgemalt, doch alles im Leben verliert an Schmerz und an Enge, wenn man die Zeit nach vorne schiebt. Der Volksmund sagt ja ‚Zeit heilt Wunden' und du wirst mit der Zeit akzeptieren, dass das Problem nicht gelöst ist, und du wirst dich schon wieder freuen über neue Wege und Möglichkeiten. Und irgendwann wird das Problem für dich keine Auswirkung mehr haben.
Schiebe dich jetzt also selbst in der Zeitspirale zwei Jahre nach vorne und stell dir die Frage: „Wie hoch ist jetzt die Wichtigkeit, die Notwendigkeit noch?" Sie ist gefallen? Sehr gut! Und jetzt geh rüber in die andere Skala 'Freude spüren' und frage dich: „Wie groß ist die Chance, dass es doch noch gut ausgeht?" Sie ist gestiegen. Stimmt's? Und jetzt wirst du vielleicht schon irgendwo bei einem Verhältnis 'Schmerz vermeiden' zu 'Freude spüren' von 6 zu 4 oder vielleicht von 7 zu 3 sein. Vielleicht hast du es sogar schon geschafft, dass du mit 'Freude spüren' über der Wichtigkeit, sprich 'Schmerz vermeiden' bist, dann würdest du bereits aus Freude kommen. Doch lass uns einfach weitermachen.

5. Als nächste Übung möchte ich, dass du die Zeitspanne nicht um zwei Jahre nach vorne schiebst, sondern um vier Jahre. Wie ist dann dein Leben? Merkst du, wie unwichtig dann auf einmal dieses Problem ist, das für dich im Moment so gravierend ist? Spürst du, wie es jetzt auf einmal nach unten geht, wie es an Kraft verliert? Und merkst du, wie auf einmal die Thematik 'Freude spüren' nach oben geht, wie die Chance steigt, dass es doch gut ausgeht? So können wir jetzt beliebig weitermachen. Du kannst sechs Jahre in die Zukunft gehen. Was ist in sechs Jahren? Der Worst Case ist wirklich eingetreten. Welche Auswirkung hat das in sechs Jahren für dich. Merkst du, wie klein und lächerlich das Problem jetzt ist?

Merkst du, dass du dir viel zu viele Gedanken und negative Gefühle gemacht hast? Merkst du diesen enormen Unterschied? Jetzt schau wieder auf die Skala: Merkst du, wie die Chance immer mehr an Kraft gewinnt? Merkst du, dass du mit 'Freude spüren' weiter bist als mit ,'Schmerz vermeiden'? Schließ mal die Augen und schau, wo dein Gefühl ist. Und ich sage dir, dein Gefühl ist nach oben gewandert. Stimmt's? Es ist heller geworden. Stimmt's? Und es ist weiter und befreiender geworden. Es bringt sogar schon ein gewisses Gefühl der Motivation mit sich. Stimmt's? Du hast das gleiche Problem wie vorher, das dir zuvor den Hals zugeschnürt und den Magen umgedreht hat. Aber du hast dein Gefühl dazu verändert, durch logische Überprüfung, und so hast du es gedreht.

6. Doch jetzt möchte ich, dass wir die Skala 'Schmerz vermeiden', sprich Wichtigkeit / Notwendigkeit ein für alle Mal nach unten fahren. Stell dir vor, dein Problem wäre unwichtig. Es wäre bei 0, dann würde es dich doch gar nicht mehr tangieren. Wo stünde dann, wenn wir das schaffen würden, deine 'Freude spüren'-Skala? Wenn 'Schmerz vermeiden' bei 0 ist, dann ist 'Freude spüren' bei 10! Du würdest das Problem jetzt auf einmal dankbar als Chance ansehen. Kannst du dir das vorstellen? Okay. Willst du das haben? Okay. Dann gebe ich dir jetzt einen Zaubersatz. Sage dir: „Okay, wenn ich schon alles dafür getan habe, und es soll nicht sein, und ich kann das Problem nicht lösen, wenn es wirklich so sein soll, dann lebe ich damit. Dann ist es egal, dann lebe ich damit. Wenn ich schon alles dafür getan habe, und es soll so sein, dass ich es nicht beheben kann, dann lebe ich damit. Mir bleibt ja eh nichts Anderes übrig. Es ist egal! Egal! Ich akzeptiere dich! Ich akzeptiere dich. Ich lebe mit dir. Ich muss mit dir leben. Ich habe eh keine Wahl. Und jetzt? Wo ist jetzt deine Bedrohung? Wo ist jetzt deine Gefahr? Wo ist jetzt deine Notwendigkeit?

Wie willst du mir Schmerz zufügen, wenn ich ihn bereits akzeptiert habe. Es ist egal, ich lebe damit, und jetzt?“
Du hast dem Tod ins Auge gesehen, und ich sage dir, du musst immer damit leben, egal wie tragisch das Problem auch wirklich sein sollte. Es bleibt dir nichts Anderes übrig. Vielleicht kommt jetzt von dir: „Ich kann mir das Leben nehmen“. Ja, aber damit musst du auch leben, mein Freund. Es ist egal. Lebe damit oder nimm dir das Leben. Und jetzt? Was ist jetzt? Merkst du jetzt, wie die Wichtigkeit / die Notwendigkeit auf 0 fällt? Merkst du jetzt, was du getan hast? Und jetzt schau hinüber auf die 'Freude spüren'-Skala. Wo steht die? Jetzt ist sie oben, oder? Jetzt ist sie bei 10! Jetzt verspürst du Motivation, Lust darauf das Problem zu beheben, dich zu erfahren. Merkst du, welch großartiger Alchemist du bist in deinem Leben? Merkst du, dass du jetzt aus 'Freude spüren' kommst? Und du weißt, wann immer du aus 'Freude spüren' kommst, funktioniert alles! Alles!! Nichts ist unmöglich, wenn du aus 'Freude spüren' kommst.

7. Jetzt möchte ich, dass du dir bewusst machst, was du getan hast. Angesichts deines größten Problems, deiner größten Angst / Sorge, deines schlimmsten Schuldgefühls, vor dem alle Menschen, auch du, die Augen verschlossen haben, Angst gehabt haben, dass ein schlimmer Fall eintritt, der gar nicht realistisch war, hast du den Mut entwickelt dieses Buch zu lesen, diese Übung umzusetzen. Du hast es getan und damit hast du bereits gewonnen, denn dieses Gefühl wird wieder in die Zukunft projiziert. Das heißt, das Leben muss dir die Ereignisse und Erlebnisse geben, die deinem positiven Gefühl, deiner Motivation entsprechen und dazu zählt nicht mehr der Eintritt des Worst Case! Herzlichen Glückwunsch! Du bist ein Riese! Du bist toll. Fühle dieses Gefühl. Fühle dieses Gefühl und spüre deine Macht. Schau nochmal, wo die

Notwendigkeitsskala steht: bei 0! Jetzt schau dir die Chance an, dass dieses Problem gelöst wird. Wenn du jetzt aus diesem Gefühl kommst, bist du über 10. Jetzt bist du bei 12, jetzt bist du bei 15. Jetzt kommt nicht nur der Glaube, sondern jetzt kommt das Wissen, dass es funktioniert. Es war immer so in deinem Leben. Wenn du etwas unbedingt wolltest, aus 'Freude spüren' hat es funktioniert! Mach die Augen auf! Jetzt sieh, wie sich auf einmal 'Freude spüren' bei dir breitmacht. Merkst du was?

8. Und jetzt möchte ich, dass du gedanklich nach vorne gehst. Du bist bereits auf dem Weg. Du bist auf diesem Weg, auf dem du merkst, dass es aufgeht! Es funktioniert! Es verbessert sich! Es hebt sich auf! JA! Das Leben folgt dir. Diese These stimmt. Du bist Alchemist. Du bist Größe. Du bist Gestalter deines Lebens. Jetzt schau mal hin, wo die Notwendigkeit liegt. Und jetzt geh rüber, wo 'Freude spüren', wo die Wahrscheinlichkeit liegt. Merkst du, wie sie nach oben geht? Mach die Augen zu und geh in dein Gefühl zu diesem Thema. Ich sage dir: Jetzt ist es in deinem Kopf, es ist hell, es ist weit, es zieht dich nach vorne, es pulsiert, es bringt dir Freude, es ist Lebensfreude. Das ist Leben!

9. Zum Schluss möchte ich, dass du dir dein Ziel vorstellst. Ich möchte, dass du dir vorstellst, wie du gewonnen hast, wie es funktioniert hat, wie du das, was dich Jahre lang tangiert hat, was dich nicht hat schlafen lassen, was dich kaputt gemacht hat, gedreht hast, wie du es geschafft hast und wie du sogar dankbar bist, dass dieses Problem da war, so dass du dich selbst hast demonstrieren können. Merkst du, wie groß du bist? Spürst du dieses Gefühl? Schau in dich hinein! Wo ist dieses Gefühl? Ich sage es dir: Es ist am Scheitel, es ist an der Krone! Es lässt dich pulsieren und du bist mittlerweile

dankbar, dass dieses kleine winzige Problemchen da war, denn du hast alles gedreht. Du hast den bösen Feind zur kleinen Mücke gemacht und du hast deine Größe und deine Macht bestätigt. All das hast du jetzt getan, du wunderbarer Mensch. Du großer Alchemist! Du Versteher und Anwender des Lebens. Ich ziehe vor deiner Größe meinen Hut. Ja, ich verneige mich. Du hast dich verändert und somit hast du deine Gegenwart, deine Vergangenheit und deine Zukunft aufgehoben und neu gestaltet. Blicke nochmal in deine Vergangenheit: Ist die nicht super gelaufen, wenn du bedenkst, dass du nicht wusstest, wie das Leben wirklich funktioniert? Schau in deine Gegenwart, was du alles zu genießen hast und blicke in die Zukunft. Das ist Alchemie. Du hast den Bereich, der dich am meisten beeinträchtigt hat, von 'Schmerz vermeiden' in 'Freude spüren' gedreht. Was wird jetzt in deinem Leben passieren? Was für ein Leben wirst du jetzt leben? Welche Ziele wirst du dir stecken, wenn du weißt, und das weißt du mittlerweile, dass keine Hürde zu hoch ist, dass du sie nicht überspringen, kein Berg zu steil ist, dass du ihn nicht erklimmen, und kein Stern zu weit oben am Himmel hängt, dass du ihn nicht herunterholen kannst. Ich liebe dich, du wunderbares Meisterwerk des Lebens.

## Kapitel 15
## Wie funktioniert mein Denken und was bewirkt es?

Erst, wenn du dein Denken verstehst, und erst, wenn du verstehst, welche Wirkung deine Gedanken auf dein Leben haben, erst dann kannst du beginnen glücklich dein Leben zu leben.

Wir Menschen leben in drei verschiedenen Zeitzonen: in der Vergangenheit, der Gegenwart und der Zukunft. Dies gilt es zu akzeptieren, denn keiner kann etwas daran ändern, da unsere Gedanken und somit unsere Konzentration in den Zeitzonen hin und her springen.
Gehirnforscher sagen, dass der durchschnittliche Mensch ca. 60.000 Gedanken am Tag denkt. 60.000 Gedanken pro Tag! Das ist eine riesige Zahl. Stimmt's? Die meisten unserer Gedanken entstehen aus dem, was wir in unserem Leben gespeichert haben. Gespeichert haben wir vor allem die Dinge, die wir aus Gewohnheit immer wieder und immer wieder und immer wieder dachten. Das heißt also, wir greifen unbewusst auf einen Automatismus zu, den wir uns in unserem Leben angewöhnt haben. Das bedeutet somit, dass bei 60.000 Gedanken, die wir denken, vielleicht 6.000 Gedanken bewusst sind und 54.000 aus einer Gewohnheit heraus unbewusst entstehen. Diese Gewohnheit greift, je nachdem wie der Mensch geprägt und programmiert ist, auf die Vergangenheit, auf die Gegenwart und auf die Zukunft zu. Die Gedanken teilen sich in gewissen Mengen auf diese drei verschiedenen Zeitzonen auf. Wenn wir es gewohnt sind, sehr viel in der Vergangenheit herum zu kramen, weil unsere Eltern das immer gemacht haben, unsere Freunde oder unsere Bekannten immer erzählen, was gestern und was letztes Jahr war und wie schön es früher war oder wie schlecht es damals war, dann sind wir automatisch in der Vergangenheit. Wir gehen mit. Wenn sie sich fragen, wie sich die Zukunft gestalten wird, was sie alles tun können, um schöner zu leben, dann springen unsere Gedanken im Schnitt zu 90 Prozent in die

Zukunft, weil wir das gewohnt sind. Wir sind mehr oder weniger Opfer dieses Prozesses. Daran ist nichts Schlimmes. Es ist, wie es ist. So funktionieren wir Menschen, und wir alle erzeugen mit jedem Gedanken immer automatisch ein Gefühl.

Denk doch mal an ein wunderschönes Erlebnis, das du in deinem Leben hattest. Such dir mal eines aus. Hast du es? Okay. Jetzt denk an dieses Erlebnis und stell dir vor, wie es damals war. Hol dir dieses Bild vor dein inneres Auge und denk daran, wie es sich damals abgespielt hat. Spürst du ein Gefühl in deinem Körper, in deinem Emotionalkörper? Sicher wirst du etwas fühlen, denn jeder Gedanke erzeugt ein Gefühl.

Jetzt nimm ein nicht so schönes Gefühl aus der Vergangenheit. Ruf es dir ins Gedächtnis. Mache dir ein Bild und fühl in deinen Körper, in deinen Emotionalkörper hinein! Welches Gefühl hast du? Es ist nicht mehr weit, es zieht dich zusammen, es ruft Schmerz hervor. Stimmt's? Jeder Gedanke erzeugt immer ein Gefühl, egal in welche Zeitzone er gerichtet ist.

Such dir jetzt bitte in der Gegenwart, in dem Raum, wo du gerade bist, etwas, was dich erfreut: deine Gesundheit, dass du sitzen kannst, dass du atmen kannst. Ja, dass du dieses Buch in der Hand hältst. Nimm irgendetwas und mach dir bewusst, dass dies ein schöner Moment in deinem Leben ist. Hol dir dieses Bild direkt jetzt in der Gegenwart vor dein Auge und jetzt überprüfe das Gefühl dazu in deinem Körper, in deinem Emotionalkörper. Merkst du, wie sich ein positives Gefühl einstellt? Jeder Gedanke bringt das dazu passende Gefühl mit sich, und wir unterscheiden kaum, wo die Gedanken gerade sind.

Das Gleiche kannst du jetzt natürlich mit der Zukunft machen. Denke an etwas Schönes in deinem Leben, an etwas, das du in deinem Leben einmal erleben möchtest, was du heute noch erleben möchtest. Male dir dieses Bild aus. Geh dort hinein und erfasse dein Gefühl. Und jetzt nimm das Gegenteil. Nimm etwas an, auf das du dich nicht freust, etwas, was in den nächsten Tagen, in den nächsten Stunden auf dich zukommt. Vielleicht etwas, wovor du Angst oder wobei du Sorgen

hast. Wie du merkst, sind unsere Gedanken, egal ob sie in die Vergangenheit, die Gegenwart oder in die Zukunft gerichtet sind, immer ein Auslöser für ein entsprechendes Gefühl. Dieses Gefühl stellt sich automatisch jetzt in der Gegenwart bei uns ein. Auch wenn die Gedanken in die Vergangenheit oder in die Zukunft gerichtet waren, haben wir das Gefühl immer in der Gegenwart.
Deswegen habe ich den Auslöser dafür gesucht, dass wir entweder negativ oder positiv denken. So kam ich auf einen Schlüssel, der alles aufhebt, der einfach ist und der immer funktioniert. Ein Beispiel: Wenn ich gerade im Moment richtig gut drauf bin und ich gehe gedanklich in die Vergangenheit, dann sehe ich viele Dinge, die ich in meinem Leben gut gemacht habe und die gut verlaufen sind. Stimmt's? Bin ich nicht gut drauf, dann fallen mir viele Punkte und Erlebnisse ein, die mich eben nicht erfreut haben, und so entsteht in mir wieder ein negatives Gefühl.
Wenn du gut drauf bist, und du denkst über deine Zukunft nach, bekommst du Visionen und Träume. Wenn du schlecht drauf bist, und du denkst über deine Zukunft nach, dann bekommst du Ängste und Sorgen, stimmt's? Das heißt also: Entscheidend ist immer, wie ich mich im Moment fühle, denn mein Gefühl erzeugt die Qualität meiner Gedanken für die Vergangenheit, für die Gegenwart und für die Zukunft. Diese Gedanken bringen mir jeweils wieder ein Gefühl und so beißt sich die Katze in den Schwanz.
Ein Beispiel: Ich fühle mich im Moment nicht gut. Ich springe mit meinen Gedanken in die Vergangenheit, in die Gegenwart oder in die Zukunft. In diesem Moment hole ich mir keine schönen Gedanken her und werde so in meinem schlechten Gefühl bestätigt. Meine Gedanken gehen weiter und springen wieder in den jeweiligen Zeitzonen herum, suchen wieder entsprechende Dinge aus. Ich bekomme wieder das passende Gefühl dazu, und so bleibe ich in diesem Fahrwasser.
Gegenbeispiel: Du bist jetzt im Moment richtig gut drauf. Du fühlst dich klasse. Du bist im Zustand ganz, ganz weit oben. Du denkst über

die Vergangenheit nach und dir fällt ein positives Erlebnis ein. Jetzt wirst du mit einem positiven Gefühl bestätigt. Oder du springst in die Zukunft und holst dir automatisch eine tolle Vision her und wirst wieder mit diesem guten Gefühl bestätigt. Und du richtest deine Aufmerksamkeit in die Gegenwart und dir fallen Dinge auf, die dir gefallen, und du wirst wieder mit dem guten Gefühl bestätigt! Bumms! Es ist ein ewiges Hamsterrad, du entscheidest, in welche Richtung es sich dreht. Das ist das Wunderbare: Du kannst und darfst diese Entscheidung treffen. Das Schöne an dieser Erkenntnis ist, dass es einfach ist, denn du musst dir nur eines merken: Sieh immer zu, dass du dich im Moment gut fühlst. Das ist das Entscheidende, denn wenn du dich gut fühlst, holst du dir, egal aus welcher Zeitzone, Gedanken, die mit positiven Gefühlen verbunden sind, und wirst damit in der Gegenwart in dem gleichen guten Gefühl bestätigt. So geht es dann immer weiter und immer weiter - eigentlich die einfachste Anleitung zum Glücklichsein, die es gibt.

## Kapitel 16
## Mein Zustand ist mir heilig!

Was ist mein Zustand? Wie bereits öfter erwähnt, entspricht mein Zustand dem, wie ich mich fühle. Es geht im Leben nur darum, wie ich mich fühle. Wir tun im Leben immer alles nur dafür, dass wir uns gut fühlen. Das Geld, das wir haben wollen, wollen wir haben, weil wir uns dann sicher, frei und anerkannt fühlen. Die Gesundheit, die wir anstreben, wollen wir haben, damit wir uns gesund fühlen. Den beruflichen Erfolg wollen wir haben, damit wir stolz auf uns sind und Anerkennung bekommen. Die materielle Lebensqualität, die wir uns erschaffen oder erschaffen wollen, gibt uns ein Gefühl des Stolzes, der Schönheit und der Gewissheit, etwas erreicht zu haben. Die Harmonie in der Familie gibt uns das Gefühl der Sicherheit und der Liebe. Die gute Beziehung zu unserem Umfeld, sprich zu unseren Freunden gibt uns das Gefühl gemocht zu werden. Wie du siehst, tun wir alles wegen Gefühlen.

Die drei Zeitzonen, in denen wir leben, die Vergangenheit, die Gegenwart und die Zukunft, werden letztlich immer von unserer Wahrnehmung, von unseren Gefühlen bestimmt.
Bist du also in einem sehr, sehr guten Gefühl, in einem sehr, sehr guten Zustand und siehst dann in die Vergangenheit, siehst du viele gute Dinge, die du in der Vergangenheit getan hast, und in der Gegenwart überkommt dich wieder das Gefühl des Stolzes. Bist du in einem hervorragenden Gefühl, gefällt dir natürlich auch die Gegenwart viel, viel besser und es fällt dir leichter im Hier und Jetzt zu leben. Durch das gute Gefühl in der Gegenwart erschaffst du letztendlich deine Zukunft, weil das Leben deine Gefühle für die Zukunft kopiert. Das Leben setzt dir die entsprechenden Ergebnisse und Ereignisse in dein Leben und aus einem guten Gefühl heraus wirst du mehr Möglichkeiten wahrnehmen als aus einem nicht so guten Gefühl. Mit

einem guten Gefühl in der Gegenwart verspürst du Motivation für die Zukunft und Freude und verschaffst dir so viele neue Möglichkeiten.
Wir Menschen lassen keinen an unser Geld, keinen an unsere Familie, da uns dies heilig ist. Wir versuchen mit allen Mitteln unseren beruflichen Erfolg und unseren Status in der Welt zu sichern. Unser Auto, unser Haus und unser Lifestyle sind uns heilig, und für unsere Sicherheit tun wir alles. Unser Aussehen muss gewahrt bleiben und wir lassen es uns von keinem Menschen zerstören. Für unsere Freundschaften und unsere Beziehungen tun wir viel. All das ist uns wichtig in unserem Leben. Doch letztendlich sind Geld, Gesundheit, beruflicher Erfolg und Familie alles Dinge, die wir deswegen haben möchten, weil sie uns ein gutes Gefühl vermitteln. Deshalb beschützen wir sie und wollen sie halten.
Doch was ist mit unserem Gefühl an sich? Was ist mit unserem Zustand? Den treten wir mit Füßen! Wenn jemand kommt und uns erzählt, was alles Schlechtes auf dieser Welt sei, tauchen wir in den Gedanken ein und gehen in das gleiche schlechte Gefühl, das unser Gegenüber hat, als wenn unser Gefühlsleben in unserem Leben nichts wert wäre.
Wir tun alles, was wir tun, wegen des damit verbundenen Gefühls. Das Gefühl bestimmt die Sichtweise der Vergangenheit und das Gefühl projiziert sich in die Gegenwart und gestaltet unsere Zukunft. Dennoch treten wir es mit Füßen. Wir gehen bei jedem mit einem schlechten Zustand mit und denken, das ist gut so. Wir glauben, dass es gut ist, wenn wir in das Leid mit eintauchen und uns schlecht fühlen, denn dann sind wir menschlich.
Verrat ist ja schon schlimm. Doch Verrat an der eigenen Person ist Hochverrat!
Was gibt es Schlimmeres, als dich selbst, das Wichtigste, das du hast, deine Gefühle, deinen Zustand, sprich, wie du dich fühlst, zu verraten wegen irgendetwas oder irgendjemandem? Sage dir selbst: „Das Wertvollste, das ich habe, das Heiligste, das ich besitze, ist mein

Zustand, ist mein Gefühlsleben. Nichts und niemand bestimmt meinen Zustand außer ich selbst!"
Wir Menschen sind so programmiert, dass wir uns gerne anderen Menschen und anderen Situationen anpassen, egal ob es uns direkt betrifft oder nicht. Wir denken, dass sich das gehört. Wir denken, das ist normal, da es alle tun. Wir denken, wir wirken dann sympathisch und mitfühlend und verraten uns dabei selbst.
Denk doch mal nach: Du siehst eine Situation, die dich nicht direkt betrifft, und du gehst in dieses Leid, in dieses Mitgefühl mit hinein. Du fühlst dich jetzt in diesem Moment nicht gut in der Gegenwart. Die Situation, die du erlebst, ist nicht schön. Dein Energielevel sinkt nach unten. Wenn du jetzt in die Vergangenheit siehst, wirst du dir Ereignisse hervorholen, die zu diesem schlechten Gefühl passen, und das projizierst du dann auch in die Zukunft.
Ergo: Das Wichtigste, das du als Mensch besitzt, ist nicht dein Auto, es ist nicht deine Familie, es ist nicht das Geld, es ist nicht mal die Gesundheit, sondern es ist dein Gefühlszustand! Es ist, wie du dich fühlst. Das Schöne ist, dass du den Gefühlszustand, den du willst, jederzeit wählen kannst. Du musst ihn nicht schützen, du kannst ihn wählen.
Geld muss man vielleicht schützen. Sein Auto muss man vielleicht in die Garage stellen. Seine Frau oder seinen Mann muss man beschützen. Meinen Gefühlszustand aber, den bestimme ich selbst. Du kannst mir alles in meinen Leben nehmen, aber eines nicht: wie ich mich fühle!
Auch wenn dich eine negative Situation direkt betrifft, musst du dein Gefühl nicht dieser Situation anpassen. Wenn du heute ein Problem hast, was bringt es dir dann, dass du deinen Gefühlszustand nach unten schraubst?
Glaubst du wirklich, dass du dann leistungsfähiger bist, dass du die Situation klarer analysieren kannst, wenn du fast einen Nervenzusammenbruch hast, dass du das Problem leicht bewältigen kannst, wenn dich die Kraft verlässt? Glaubst du wirklich, dass deine

Sorgen und Ängste irgendetwas besser machen, dass dich Schuldgefühle stärker machen? Glaubst du, dass du, wenn du mitleidest, das Leben besser gestalten kannst, weil du dann Mensch bist? Glaubst du, dass du dadurch menschlich bist? Glaubst du, dass ein schlechter Zustand ein Ausdruck von Liebe ist? Ich denke, du schmunzelst gerade genauso wie ich. Aus dieser Sichtweise heraus erscheint das alles sehr skurril.

Ist es nicht Zeit eine neue Realität zu wählen, eine Realität, die du selbst erschaffen kannst, eine Realität, die Sinn ergibt? Man braucht hier keinen Glauben. Man braucht hier lediglich seinen gesunden Menschenverstand.

## Kapitel 17
## Schuldgefühle, Sorgen und Ängste sind absolut nutzlos!

Schuldgefühle, Sorgen und Ängste sind absolut nutzlos, doch jeder hat sie. Richtig? Warum haben wir alle etwas, was man nicht anfassen kann, was man nicht sehen kann, aber was uns fertigmacht? Wieso halten wir so daran fest?

Antwort: Weil uns beigebracht wurde, dass es gut ist, Schuldgefühle, Sorgen und Ängste zu haben.
Analysieren wir mal: Wenn wir als Kinder etwas angestellt haben, dann wurde von uns erwartet, dass wir nach außen ein gewisses Schuldgefühl zeigen. Stell dir vor, du hättest eine 6 in Mathe geschrieben, wärst nach Hause gekommen und hättest über beide Ohren gestrahlt. Was hätten deine Eltern gesagt? Es gehört sich, Schuldgefühle und Scham zu zeigen.
Die Kirche und die Medien tragen enorm dazu bei, dass die Menschen in der Schuld leben. Die Gesellschaft ist so geprägt, dass man Menschen verurteilt, die etwas getan haben, was nicht funktioniert hat, und Menschen lobt, die Erfolg haben, egal was sie getan haben. Das wurde zum Kollektiv. Sorgen und Ängste werden uns von Kindesbeinen an gelehrt: „Mache dir Gedanken über die Zukunft! Sei ängstlich, dann passiert dir nichts!“ Das Kollektiv unserer Gesellschaft sagt, Schuldgefühle sowie Sorgen und Ängste sind ein Muss und jeder Mensch braucht sie, um zu überleben.
Ich habe aber noch nie gehört oder erlebt, dass jemand durch Schuldgefühle glücklicher, erfolgreicher, reicher oder gesünder geworden ist. Ich konnte auch nicht feststellen, dass jemand, der sich Sorgen macht, genau das Leben lebt, das er schon immer wollte, oder dass durch Ängste irgendwelche tollen Dinge im Leben eingetreten sind.
Da es aber alle machen, denken wir, es muss so sein und wir müssen uns anpassen. Tatsächlich jedoch sind Schuldgefühle, Sorgen und

Ängste die Ursache für alles Schlechte auf dieser Welt: für Krankheiten, für Streitereien, für Verletzungen, den Suizid, Geldmangel und so weiter und so fort. Überlege mal mit mir, analytisch und mit klarem Menschenverstand: Was haben uns diese Schuldgefühle, diese Sorgen und Ängste bisher denn gebracht?
Haben sie uns zu mehr Geld verholfen, was denkst du? Zu mehr Gesundheit, zu mehr beruflichem Erfolg, oder hast du sehr viel Anerkennung bekommen, weil du dir sehr, sehr viele Sorgen machst? Wahrscheinlich hast du dein Auto, dein Haus und alles, was du besitzt, mit Sorgen und Ängsten und Schuldgefühlen erschaffen, stimmt's? Ist deine Sicherheit, in der du lebst, die Reproduktion von Sorgen, Ängsten und Schuldgefühlen? Ich denke, dass dein hervorragendes Aussehen und deine Attraktivität nicht auf diese drei Punkte zurückzuführen sind. Familie und Liebe erschafft man nicht mit negativen Gedanken! Unser Beziehungsumfeld kann jedoch das Ergebnis von Sorgen, Ängsten und Schuldgefühlen sein, je nachdem, wie mein Beziehungsumfeld denkt, denn Gleiches gesellt sich zu Gleichem.
Es gibt immer wieder unterschiedliche Phasen im Leben: Manchmal gelingt uns etwas dauerhaft und manchmal funktionieren die einfachsten Dinge nicht. Wenn du dir viele Sorgen und viele Schuldgefühle aufädst, wirst du sicher nicht in den Fluss des Lebens eintreten und es werden sich keine tollen Perspektiven auftun. Aus Sorgen, Ängsten oder Schuldgefühlen hast du nie bekommen, was du wolltest. Doch Sorgen, Ängste und Schuldgefühle sind für Vieles verantwortlich, was du in deinem Leben erfahren musstest. Du könntest jetzt einwenden: „Wenn ich keine Schuldgefühle habe, keine Sorgen und Ängste, dann erkenne ich oft gar keine Gefahr, keine Botschaft, oder ich kann eine Situation nicht richtig deuten". STOPP! STOPP!!
Auch ich sehe mir mein Leben, meine Situation, meine Botschaften ganz genau an, aber niemals aus Schuld, Sorgen oder Ängsten heraus,

denn das sind Gefühlszustände, in denen ich nicht klar denken, nicht klar analysieren kann, sondern benebelt bin.
Also sieh dir alles an, aber sieh es dir in einem guten Zustand an! Jemand hat mal zu mir gesagt: „Schuldgefühle sind doch gut, denn, wenn wir sie haben, bestrafen wir uns, und daraus lernen wir etwas nicht mehr zu tun". Ich riet ihm, sich auspeitschen zu lassen, wenn er eine Bestrafung braucht um umzudenken, da dies vielleicht sogar einfacher und weniger schmerzhaft ist, als wenn er sein ganzes Leben lang mit Schuldgefühlen herumläuft.
Brauchen wir wirklich eine Bestrafung, um uns zu ändern? Ist es nicht besser, dass wir eine Motivation dazu verspüren? Wenn wir erkennen, dass etwas absolut nutzlos ist, sollten wir dann nicht eine Entscheidung treffen, die Entscheidung, es für immer in unserem Leben los zu lassen?
Wenn du erkennst, dass Sorgen, Ängste und Schuldgefühle die Ursache für all das sind, was du nicht solltest, ist es dann nicht eine logische Schlussfolgerung, dass du diesen Gefühlen endlich entsagst und nun dein Leben lebst? Ich denke, die Zeit ist reif!

## Kapitel 18
## Bruder Leichtfuß

Egal in welcher Lebenssituation du im Moment gerade steckst, gebe ich dir einen Tipp:

Akzeptiere das Ist! Akzeptiere die derzeitige Situation! Sieh sie dir an - ohne Emotionen und freu' dich darüber, wie es ist! Du denkst jetzt wahrscheinlich: „Ist der jetzt verrückt? Wie soll ich mich über diese Situation freuen, in der ich wirklich nicht glücklich sein und mich wirklich nicht freuen kann?"
Ich bejahe jede Lebenssituation, und du kannst mir glauben: Auch ich musste meine Lektionen lernen. Auch ich hatte Phasen in meinem Leben, denen ich wenig Spaß abgewinnen konnte. Zu diesen Momenten sage ich immer: Du bist ja nur der Beweis für die Theorie, die wir in diesem Buch behandeln. Du bist die Begebenheit, bist das Ereignis zu dem, was ich gestern, was ich in der Vergangenheit gefühlt habe! Du bist der Beweis dafür, dass das Leben herunterschaut und mich immer wieder in meinem Gefühl bestätigt. Das ist die Folgereaktion und nicht die Ursache. Somit weiß ich, dass ich, wenn es so bewiesen ist und es mir im Leben klar gezeigt wird, nur meinen Gefühlszustand im HIER und JETZT verändern muss, und es werden sich neue Ergebnisse, neue Ereignisse einstellen.

Mein Gefühl bestimmt den Ausgang einer Geschichte. Somit weiß ich, dass kein Problem wirklich ernst ist, denn, wenn ich ein Problem mit einem sehr, sehr guten Gefühl angehe, dann muss das Leben dem Gefühl folgen und das Problem muss sich fügen.
Die Ist-Situation ist nur die Auswirkung des bisherigen Fühlens. Also gewinne ihm etwas Positives ab. Du kannst in dem Moment, in dem du vor einer Situation stehst, die du noch zu regeln hast, demonstrieren, wie gut du und diese Technik funktionieren. Hättest du keine Problemsituation, müsstest du vielleicht ein Problem bei

deinem Nachbarn klauen. Der hat nämlich das Buch nicht gelesen und der hat wahrscheinlich noch mehr Probleme.
Denk dir immer; „Es hätte schlimmer kommen können“. Wenn du erfährst, dass du Krebs und nur noch ein Jahr zu leben hast, denk daran, es hätte auch sein können, dass du die Diagnose Krebs bekommst und nur noch einen Monat zu leben hast. Ist doch gut. Du hast länger Zeit gesund zu werden!
Wenn dir ein Laster über den Fuß fährt, dann sag: „Oh wie toll. Der hätte mich auch komplett zusammenfahren können“. Du denkst dir: „JETZT spinnt er! Du verarschst dich doch selbst, wenn du so etwas machst“. Na klar, verarsche ich mich selbst! Aber was machst du schon dein ganzes Leben?
Du verarschst dich doch genauso. Du nimmst etwas Schlimmes an. Du gibst dein schlimmstes Gefühl dazu und dadurch leidest du doppelt, dreifach und tausendfach. Noch bist du nicht in der Lage, die Situation so leicht zu ertragen wie ich. Du gibst dir sogar noch die Schuld dafür, dass sie eingetreten ist, und somit gestaltest du deine Zukunft weiterhin negativ. Welche Wahrnehmung ist also richtig: meine als Bruder Leichtfuß oder deine als so genannter Realist?
Das kann dir keiner beantworten, aber ich kann dir eines sagen: Mit meiner Einstellung lebt es sich leichter! Und ich möchte dir noch etwas sagen: Alles im Leben dreht sich. Alles hat mal ein Ende. Es geht nicht nur immer bergab, es geht auch mal bergauf. Das hat die Zeit schon immer bewiesen. Das war so, das ist so und das wird in tausend Jahren noch so sein!
Warum machst du dir also über diese Momentaufnahme Gedanken und gibst ein negatives Gefühl dazu, wenn sich die Situation doch in kürzester Zeit vielleicht schon wieder dreht? Schau zurück in deinem Leben: Es war schon immer so.
Außerdem ist alles im Leben relativ: Du machst dir zum Beispiel Gedanken, weil du zu wenig Geld hast. Weißt du überhaupt, dass etwa zwei Drittel der Weltbevölkerung wirtschaftlich sofort mit jedem Hartz IV-Empfänger in Deutschland tauschen würden? Zwei Drittel der

Weltbevölkerung würden mit jedem tauschen, der Pleite gegangen ist, Insolvenz angemeldet hat und nun von Hartz IV lebt.
Doch derjenige, der hier in Deutschland in dieser Situation steckt, denkt von sich, er hat was Böses getan. Er hat Schuldgefühle, weil er meint, Vieles falsch gemacht zu haben und es nicht wert zu sein, geliebt zu werden. Er glaubt, dass er als Mensch nichts wert ist, er macht sich Sorgen und hat Angst davor, dass es noch schlimmer werden könnte. Doch jetzt kommt die gute Nachricht: Du kannst nicht vom Boden fallen! Du lebst in einem Sozialstaat und du bist abgesichert.
Wir brechen in diesem Moment zusammen. Doch zwei Drittel der Weltbevölkerung würden alles dafür tun, um diesen Status zu erreichen. Das sind ca. 5 Milliarden Menschen, und ein Beweis dafür ist der Flüchtlingsstrom.
Was ist also real? Aus welcher Sicht willst du die Situation betrachten? Du sagst: „Ja, bei Geld kann das sein, aber was ist mit der Gesundheit?" Hast du eine Ahnung, wie wenig medizinische Hilfe es in den meisten Ländern auf der Welt gibt? Weißt du überhaupt, wo du stehst? Weißt du, wie gut es dir geht? Es ist immer die Frage, mit was oder wem ich mich vergleiche. Ich habe die Entscheidung getroffen, in allem das Positive zu sehen, weil ich erkannt habe, dass das Heiligste und das Wichtigste, was ich in meinem Leben besitze, mein Gefühlszustand ist. Somit habe ich ein gutes Gefühl. Dieses Gefühl beeinflusst meine Gedanken. Dieses Gefühl beeinflusst die Sichtweise meiner Vergangenheit. Dieses Gefühl erlebe ich jetzt im Moment in der Gegenwart. Das kann mir keiner nehmen und dieses Gefühl projiziere ich in meine Zukunft. Wenn es also keine Realität gibt, dann lass uns uns selbst doch so verarschen, dass es uns gut geht. Du wirst sehen, wie das Leben dann aufgeht.
Wenn du dir jetzt noch die Frage stellst, wer von uns beiden realistischer ist – du mit deiner alten Einstellung oder ich mit dieser einfachen, etwas verrückten - dann kann ich dir sagen: Meine Realität hat sich bewahrheitet – bei mir und auch bei meinen Schülern. Ich

kann also sagen: Das ist die Realität. Jetzt wirst du sagen, dass deine sich auch bewahrheitet und du deswegen in manchen Bereichen in deinem Leben nicht weiterkommst. Stimmt's? Dann lass uns realistisch sein und uns die Realität erschaffen, die wir wollen.

## Kapitel 19
## Vorschlag: Klau dir die Gefühle, die DU willst!

Es ist klar geworden, dass wir in drei verschiedenen Zeitzonen leben, ob wir wollen oder nicht. Wir leben in der Vergangenheit, in der Gegenwart und in der Zukunft, und das ist gut so. Stell dir vor, es wäre nicht so: Dann könntest du nicht in die Vergangenheit denken, nicht in die Zukunft, sondern nur in die Gegenwart. Ich glaube, das wäre auch nicht gut. Wir Menschen müssen akzeptieren, dass wir die Fähigkeit haben in diesen drei verschiedenen Zeitzonen zu denken und zu fühlen. Unser Emotionalkörper kann nicht so wie unser Verstand unterscheiden, ob wir uns gedanklich in der Vergangenheit, in der Gegenwart oder in der Zukunft bewegen.

Wann immer wir uns gedanklich in einer dieser drei Zeitzonen befinden, löst dies ein Gefühl aus und dieses Gefühl ist immer in der Gegenwart präsent, sprich in unserem Emotionalkörper. Doch was sagt uns das?
Als ich mir das genauer ansah, kam ich auf die Idee, mir das Gefühl, das ich möchte, aus der Vergangenheit, aus der Gegenwart oder aus der Zukunft zu klauen. Dadurch habe ich das gewünschte Gefühl präsent in meiner Gegenwart, und es geht doch um die Gegenwart, nämlich darum, wie ich mich im Moment fühle.
Welches Gefühl hättest du gerne jetzt in der Gegenwart? Glücklichsein?
Nehmen wir an, es ist Glücklichsein: Wo würdest du es gerne klauen: aus der Vergangenheit, aus der Gegenwart oder aus der Zukunft?
Beginnen wir bei der Vergangenheit: Geh mal zurück in einen Moment in deinem Leben, in dem du richtig glücklich warst. Schließ' ruhig die Augen dazu und denke an diesen Moment. Ich weiß nicht, wann das war. Vielleicht musst du bis in deine Kindheit zurückgehen, als du unbeschwert gespielt hast und dabei vollkommen glücklich warst, frei von Sorgen, frei von Ängsten, frei von Schuldgefühlen. Oder vielleicht

war es bei der Geburt deines Kindes. Vielleicht war es, als du deine große Liebe kennengelernt hast. Hol dir diesen Moment mal her und schau dir das Gefühl dazu an, in deinem Körper und in deinem Emotionalkörper.
Spür in dieses Gefühl hinein - dieses Gefühl der Unbeschwertheit, der Leichtigkeit und des Glücks.
Hast du es? Gut! Wo spürst du es? In der Gegenwart? Jetzt? Schön! Dann mach deine Augen auf und schau mit diesem Gefühl deine Gegenwart an und du wirst in diesem Gefühl bestätigt, stimmt's? Du siehst jetzt um dich herum und in deinem Körper und mit allem, was du wahrnimmst, lauter schöne und glückliche Dinge.
Merkst du, wie einfach es geht?
Jetzt blicke mit diesem Gefühl in die Zukunft, mit diesem unbeschwerten, leichten Gefühl Was wird sich in deiner Zukunft alles auftun? Merkst du, wie es funktioniert? Merkst du, wie deine Gefühle, dein Gefühlszustand in der Gegenwart deine drei Zeitzonen beeinflussen? Blicke nun aus diesem wunderschönen Gefühlszustand heraus zurück in deine Vergangenheit, auf dein Leben.
Was stellst du fest? Du siehst Dinge und Erlebnisse, bei denen du glücklich warst und anderen Glück gebracht hast, stimmt's?
Was hättest du jetzt noch gerne für ein schönes Gefühl, das von der Gegenwart in die Zukunft projiziert werden soll? Wie wäre es mit Selbstbewusstsein und Stolz? Nehmen wir diese beiden Gefühle: Wo willst du sie klauen: aus der Vergangenheit, aus der Gegenwart oder aus der Zukunft?
Nehmen wir die Gegenwart: Schau mal, wie du sitzt oder liegst, dort, wo du gerade bist. Ist dir eigentlich klar, dass das, was du im Moment gerade erlebst, alleine, dass du dieses Buch in der Hand hältst, nicht selbstverständlich ist? Du musst dafür etwas getan haben. Es gibt keinen Zufall. Warum hast du das Buch gerade in der Hand? Du kannst sehen, was viele andere nicht sehen können. Du hast dir in deinem Leben etwas geschaffen. Schau dich um, schau dir diesen Moment an. Gibt es da nicht genügend Gründe dafür, selbstbewusst und stolz auf

dich zu sein? Was hast du alles in deinem Leben schon erreicht? Welche Hürden hast du übersprungen? Welche Ziele hast du schon verwirklicht? Hast du nicht genügend Gründe, hier und jetzt in der Gegenwart wirklich glücklich, selbstbewusst und stolz zu sein?
Ich kenne deine persönliche Situation nicht, aber ich weiß es gibt Tausende von Dingen, um die dich Andere beneiden würden.
Hol dir dieses Gefühl her. Mach es dir bewusst. Sei stolz auf dich und dein Leben. Sei dir deiner selbst bewusst. Spürst du dieses Gefühl, diese Kraft, diese Stärke, diesen Stolz? Jetzt hast du es. Du hast es aus der Gegenwart geholt. Und du spürst es genau, jetzt in diesem Moment, und diesen Moment kann dir keiner mehr nehmen, stimmt's?
Blick doch jetzt mal in die Vergangenheit: Jetzt fallen dir Dinge auf, die du einfach gut gemacht hast, für die du stolz auf dich sein kannst, stimmt's?
Jetzt lass uns gemeinsam in die Zukunft blicken und ich glaube, jetzt hast du Ideen und Visionen, die dich in diesem Gefühl des Stolzes bestätigen. Das nimmt das Leben auf und setzt es in Form von Begebenheiten und Erlebnissen in deine Zukunft. Das ist so.
Du hast das Gefühl jetzt aus der Gegenwart geholt und damit wieder die drei Zeitzonen verändert.
Wollen wir noch ein Beispiel machen? Was hättest du denn gerne für ein Gefühl? Wie wäre es mit Liebe?
Nehmen wir Liebe. Da wir die anderen beiden Gefühle aus der Vergangenheit und aus der Gegenwart geholt haben, holen wir uns dieses Gefühl der Liebe jetzt aus der Zukunft. Einverstanden?
Stell dir vor, dass die ganze Welt liebenswert ist, dass du dich liebst, dass du alle Menschen liebst, alle Tiere, alle Pflanzen, alles, was auf dieser Welt existiert, dass du eins bist mit dir und der gesamten Welt. Du bist Liebe. Die Welt existiert aus der Liebe heraus, und was du bist, ist Liebe. Stell es dir vor, tauch' in einen Moment ein, in dem du die ganze Welt umarmen könntest, in dem du eins bist mit der ganzen Welt, alles liebst und die Liebe siehst. Es gibt so viel Liebe auf dieser

Welt. Es gibt nicht nur das Schlechte. In Wirklichkeit sind wir Liebe und wollen nur die Liebe leben. Stell dir diesen Moment vor, in dem du für alles Verständnis hast und für alles Liebe empfindest. Spürst du dieses wunderbare Gefühl, dieses Gefühl der Vertrautheit, der Verbundenheit, der Liebe? Spürst du es jetzt in der Gegenwart? Dann schau mal aus diesem Liebesbewusstsein in die Vergangenheit. Spürst du diese Ruhe, diese Gelassenheit?

Du hast dir die Liebe aus der Zukunft geholt, hast sie in deine Gegenwart und deine Vergangenheit projiziert, du wahrer Alchemist. Das, was alle Menschen wollen, nämlich positive Gefühle, zauberst du aus dem Nichts heraus.

Ich für meinen Teil gehe gerne Gefühle klauen, weil keiner da ist, der bestohlen wird und keiner mich verfolgt oder verurteilt, und, wenn du diese Technik immer mehr in deinem Leben anwendest, dann wird es irgendwann für dich normal. Es wird für dich zu deiner zweiten Haut. Es wird genau so normal wie das Gehen, das Denken und das Atmen.

## Kapitel 20
## Das tatsächliche Denken der Menschheit

Wir Menschen - ich glaube, da sind wir alle gleich - wollen Geld, am liebsten finanzielle Freiheit, vollkommene finanzielle Unabhängigkeit. Irgendwie übt der schnöde Mammon eine enorme Anziehungskraft auf uns aus. Das ist auch der Grund, warum die Boulevardpresse und das Fernsehen so viel über die Reichen berichten. Darüber hinaus hätten wir gerne Gesundheit, beruflichen Erfolg, Anerkennung, eine hohe materielle Lebensqualität, einen tollen Lifestyle. Wir wollen einfach frei sein. Wir wünschen uns ein hohes Ansehen, Bewunderung. Wir wollen attraktiv erscheinen und begehrenswert. Ich denke, jeder von uns hätte gerne eine tolle Familie um sich, viele Freunde, harmonische Beziehungen, ein wunderbares Umfeld.

Wir träumen von einem Leben, in dem wir im Fluss sind, wo alles funktioniert, was wir uns vornehmen und das am besten noch unterlegt mit einer tollen Perspektive für die Zukunft.
All das wollen und möchten wir und wünschen wir uns, seit wir denken können. Stimmt's? All diese oben aufgeführten Punkte gehören in den Außenbereich.
Warum Außenbereich? Sie gehören deshalb in den Außenbereich, weil wir sie nicht unmittelbar beeinflussen und herstellen können. Warum möchten wir alle gerne diese Punkte in unserem Leben haben? Ich denke, weil wir dann frei von Sorgen und Ängsten, weil wir dann frei von Schuldgefühlen sind, uns glücklich fühlen, wahre Lebenslust und Lebensfreude spüren, in einem Topzustand sind, ein tolles Selbstbewusstsein haben, Stolz verspüren, viel Spaß haben und uns jederzeit super fühlen. Dann haben wir Vertrauen in das Leben, verspüren Sicherheit, können genießen und letztendlich das leben, was wir wirklich sind, nämlich LIEBE.
All diese zuletzt genannten Punkte bezeichne ich als den Innenbereich, weil es Gefühle sind. Wir Menschen tun alles, um gute Gefühle zu

haben. Es geht uns in Wirklichkeit nicht um das Geld. Es geht uns auch nicht um Gesundheit, es geht uns auch nicht um die berufliche Anerkennung, es geht uns generell nicht um die Erscheinung, die wir haben, oder den Lifestyle, es geht immer um das Gefühl, das damit verbunden ist: Geld macht uns frei. Geld macht uns unabhängig. Geld gibt uns Sicherheit.

Gesundheit macht uns sorgenfrei. Beruflicher Erfolg erfüllt uns mit Stolz, bringt uns Anerkennung.

Materielle Lebensqualität lässt uns denken, dass wir alles in unserem Leben richtig gemacht haben und darum brauchen wir keine Schuldgefühle.

Ansehen und Attraktivität geben uns das Gefühl bewundert oder begehrt zu werden.

Familie gibt uns das Gefühl der Liebe. Harmonische Beziehungen und ein tolles Umfeld geben uns das Gefühl der Vertrautheit und des Im-Fluss-Seins, das Wissen, dass alles im Leben funktioniert, das Gefühl richtig zu sein. Eine tolle Perspektive gibt uns das Gefühl der Motivation und der Antriebskraft. Stimmt's?

Wir Menschen tun alles im Leben nicht für das Außen, sondern für die Gefühle, die damit einhergehen, sprich für das Innen. Wenn du dich jetzt fragst, warum ich Gesundheit den Außenbereichen zugeordnet habe, kann ich dir sagen, dass ich das deshalb getan habe, weil ich die Gesundheit nicht unmittelbar beeinflussen kann, ebenso wenig wie Geld und beruflichen Erfolg.

Wir Menschen feilen immer an unseren Außenbereichen herum. Wir überlegen: Wie bekomme ich mehr Geld, wie bekomme ich mehr Anerkennung, wie schaffe ich endlich den lang ersehnten beruflichen Erfolg, wie schaffe ich es, dass ich mir dies oder jenes kaufen, mein Aussehen verbessern, eine tolle Familie bekommen kann? Wie gelingt mir alles im Leben und wie gelingt es mir, endlich im Fluss des Lebens zu sein?

Für uns sind vor allem die Außenbereiche wichtig und nicht die Innenbereiche, und das obwohl wir bereits festgestellt haben, dass wir alles nur tun, damit wir ein gutes Gefühl haben und damit die Innenbereiche verbessern, indem wir uns gut fühlen und das Leben wirklich spüren.

# Kapitel 21
## Der Geist aus der Flasche

Stell dir mal vor, du findest bei einem Spaziergang am Strand eine Flasche. Sie ist mit einem Korken verschlossen. Da dir gerade langweilig ist, öffnest du sie, und in diesem Moment tritt eine riesige Energiewolke aus und es formt sich wirklich ein Geist, wie bei ‚Aladin und die Wunderlampe'.

Stell dir vor, dieser Geist steht vor dir. Kannst du dich in diese Situation hinein versetzen? Okay.
Dieser Geist wird dir nun jeden Wunsch erfüllen, im Außenbereich oder im Innenbereich. Was würdest du wählen? Würdest du den Außenbereich wählen oder den Innenbereich? Zum Außenbereich gehören (wie oben erwähnt): großer Reichtum, vollkommene Gesundheit, beruflicher Erfolg, ein enormes Maß an Anerkennung, eine hohe materielle Lebensqualität, ein toller Lifestyle, ein fantastisches Aussehen, enorme Attraktivität, eine tolle Familie, wunderbare Beziehungen, ein harmonisches soziales Umfeld und eine tolle Perspektive. Du darfst es dir wünschen, und im selben Moment wird es dir gegeben. Wäre das nicht schön? Ist es nicht eine traumhafte Vorstellung das alles zu haben? Der Geist aus der Flasche erscheint und er gibt dir sofort all das.
Oder wählst die Innenbereiche? Du bist dann frei von Sorgen, frei von Schuldgefühlen. Du bist glücklich und verspürst enorme Lebenslust und Lebensfreude. Du bist in einem Topzustand, du fühlst dich super. Du bist selbstbewusst und du bist stolz. Du hast viel Spaß, Vertrauen und genießt das Gefühl der Sicherheit, alles, was dir Spaß macht, und das, was du eigentlich bist, nämlich die LIEBE. Was würdest du wählen, den Innen- oder den Außenbereich?
In Märchen, in denen so ein Geist aus der Flasche kommt oder eine Fee erscheint, wird immer wieder der Außenbereich gewählt. Selten wählt jemand die Innenbereiche. Sei mal ganz ehrlich: Wenn du einen

Film siehst, in dem ein Flaschengeist erscheint und jemand würde den Innenbereich wählen, würdest du da zu 100 Prozent mitgehen? Ich möchte, dass du dich wirklich selbst überprüfst, dass du dich hinterfragst und ehrlich antwortest, was du wählen würdest. Du hast genau in dieser Sekunde die Möglichkeit die Wahl zu treffen: Außen oder Innen – was würdest du wählen? Ich weiß, was jetzt in deinen Gedanken vor sich geht:

Wählst du das Innen, wohin du eigentlich tendierst, bist du dir nicht sicher, dass das Außen automatisch folgen wird, Stimmt's?

Wählst du den Außenbereich, dann wäre es leicht die Innenbereiche zu verändern, oder? Wofür entscheidest du dich also, Außen oder Innen?

Lass uns das Ganze mal analysieren: Stell dir vor, du hättest jetzt wirklich genügend Geld. Du bist im Moment vollkommen gesund. Du hast großen beruflichen Erfolg, du erfährst Anerkennung, hast eine enorm hohe materielle Lebensqualität, ein tolles Aussehen, eine attraktive Erscheinung, eine Superfamilie eine harmonische Beziehung, ein tolles Umfeld. Du hast enorme Perspektiven und du weißt, dir gelingt letztendlich alles.

Ist es dann nicht leicht, frei von Sorgen zu sein, frei von Schuldgefühlen und sich gut zu fühlen? Über was sollst du dir Sorgen machen oder vor was sollst du Angst haben, wegen was Schuldgefühle? Wieso, wenn du all das hast? Dann bist du doch glücklich und du verspürst wirklich Lebenslust und Lebensfreude. Du bist in einem Topzustand und fühlst dich generell immer megagut, denn - wie gesagt - du bist gesund, du bist erfolgreich, du bist reich, du hast doch alles. Somit bist du auch selbstbewusst und stolz auf dein Leben.

Du kannst Spaß haben, denn dir gelingt ja eh alles, weil du weißt, dass dir das alles gegeben worden ist. Du spürst Sicherheit und kannst endlich das leben, was du eigentlich bist, nämlich LIEBE. Stimmt's?

Aus dieser Sichtweise heraus würdest du doch am liebsten das Außen wählen. Ja, es ist eindeutig so, dass, wenn das Außen passt, sich das Innen automatisch anpasst. Das ist der Grund, warum wir Menschen uns immer das Außen wünschen. Wenn wir träumen, träumen wir immer vom Außen. Wenn du ehrlich bist, musst du mir Recht geben, stimmt's?

Woher ich das weiß? Ich habe früher genauso gedacht.

Doch drehen wir das Ganze mal um: Stell dir mal vor, du würdest das Innen wählen. Du bist sofort frei von Sorgen und frei von Schuldgefühlen. Du bist glücklich, du verspürst Lebenslust und Lebensfreude. Du bist in einem Topzustand, du fühlst dich selbstbewusst und du bist stolz auf dein Leben. Du hast enorm viel Spaß. Du hast Vertrauen. Du spürst die Sicherheit und kannst das leben, was du eigentlich bist, und lebst es auch, nämlich die Liebe.

Ist es dann nicht logisch, dass sich die finanzielle Freiheit einstellen muss, dass die Gesundheit folgt und Krankheiten verschwinden, dass sich der berufliche Erfolg, die Anerkennung, die materielle Lebensqualität, das Ansehen, die Attraktivität, die Familie, deine Beziehung, dein Umfeld, deine Perspektiven verbessern und du in den Fluss kommst?

Ich denke, ja. Doch der Geist aus der Flasche drängt auf deine Entscheidung.

Du musst nun die Entscheidung treffen – Außen oder Innen? Wählst du das Innen, dann bist du dir dennoch wahrscheinlich noch nicht ganz sicher, dass das Außen zu 100 Prozent folgt. Wählst du das Außen, dann hast du ja schon alles, und das Innen ist nicht mehr so wichtig. Das wird dann eh folgen. Stimmt's? Deshalb wählen die meisten Menschen das Außen, und ich denke, du auch.

## Kapitel 22
## Was ist dauerhafter?

Der Geist aus der Flasche gibt dir nur im Außen oder nur im Innen das Maximum. Wie dein Leben dann langfristig verläuft, das beeinflusst du wieder selbst - nicht das Schicksal, die Sterne, die Anderen oder das Karma, sondern DU.

Stellen wir uns jetzt die Frage: Was ist dauerhafter? Suchen wir zunächst gemeinsam Argumente für das Außen:
Wenn ich Geld, Gesundheit, beruflichen Erfolg, Anerkennung, materielle Lebensqualität, Ansehen, Attraktivität, eine tolle Familie, harmonische Beziehungen, ein intaktes soziales Umfeld und eine tolle Perspektive habe und im Fluss bin, dann ist das Leben auf Dauer leicht. Dann sind auch die Innenbereiche oben, das heißt, ich bin frei von Sorgen, Ängsten und Schuldgefühlen, Ich bin glücklich, empfinde Lebenslust und Lebensfreude, bin in einem Topzustand usw.
Doch stell dir jetzt mal vor, was passiert, wenn ein Außenbereich nach unten fällt? Stell dir einfach mal vor, dein Geld wäre auf einmal weg. Du bist aber trotzdem noch gesund, hast deinen beruflichen Erfolg, Anerkennung, eine hohe materielle Lebensqualität, tolle Beziehungen und du bist im Fluss. Was denkst du? Fällt dann das Innen, wenn dein Geld weg ist?
Beginnst du dann nicht, dir wieder Sorgen zu machen, bekommst du dann nicht Angst? Bekommst du nicht wieder Schuldgefühle, weil das Geld weg ist? Denkst du dir dann nicht: „Wenn ich wieder Geld habe, dann bin ich wieder glücklich"?
Ich glaube, dass deine Konzentration dann darauf gelenkt wird, was du tun musst, bevor du wieder Lebenslust und Lebensfreude verspüren kannst.
Glaube mir, dein Zustand wird ein bisschen mitleiden. Ist dein Selbstbewusstsein, wenn dein Geld weg ist, immer noch so groß wie zuvor? Bist du dann immer noch so stolz auf dich? Lenkst du deine

Konzentration auf Spaß? Oder richtest du sie auf das, was jetzt erledigt werden muss, damit du nicht verlierst? Hast du dann wirklich noch Vertrauen in dich und dein Leben? Verspürst du dann noch Sicherheit? Lebst du dann noch das, was du wirklich bist, nämlich die LIEBE?
Das ist eine interessante Sichtweise, oder? Doch lass uns nun gemeinsam Argumente für die Innenbereiche finden:
Du hast alle Bereiche im Innen vom Geist aus der Flasche bekommen. Doch nun beginnst du wieder dir Sorgen zu machen, dich in Ängste hinein zu manövrieren, dich in Schuldgefühlen zu wälzen. Was denkst du? Wirst du dein Geld trotzdem halten oder vermehren, deine Gesundheit erhalten und noch gesünder werden, weiterhin beruflichen Erfolg haben und noch weiter nach oben kommen? Du weißt, was ich meine. Das eine beeinflusst das andere. Das Außen beeinflusst das Innen. Das Innen beeinflusst das Außen. Man könnte sagen: Die beiden Bereiche bedingen einander. Doch ich habe noch eine interessante Sichtweise für dich:
Bleiben wir beim Thema Geld. Nehmen wir mal an, du hättest vom Geist aus der Flasche 5 Millionen Euro erhalten. Du fühlst dich sicher. Du fühlst dich frei. Du bist stolz auf dich.
Dein Bekanntenkreis verändert sich und du lernst neue Leute kennen, die alle Milliardäre sind. Jetzt fragst du dich, was du armer Schlucker dort eigentlich zu suchen hast, und hast das Gefühl, dass du eigentlich nichts bist, dass du klein bist.
Wenn du wirklich in diese Sichtweise eintauchst, was passiert dann mit deinen Innenbereichen? Bist du dann wirklich immer noch frei von Sorgen und frei von Schuldgefühlen? Bist du wirklich glücklich? Bist du stolz auf dich? Spürst du wahrhaft die Sicherheit, wenn die Milliardäre um dich herum sich auch noch Sorgen machen um die finanzielle Zukunft? Merkst du was? Das eine beeinträchtigt das andere. Fällt einer der Innenbereiche, wirkt es sich im Außen aus. Fällt einer der Außenbereiche, wirkt es sich auf dein Innen aus.

Dabei spielt es auch eine Rolle, mit wem oder was du dich vergleichst: Fühlst du dich wirklich reich? Fühlst du dich wirklich gesund? Fühlst du dich wirklich glücklich?
Das ist ein komplexes Thema, nicht wahr? Doch der Geist aus der Flasche hat nicht ewig Zeit. Er fragt dich, was du wählst. Triff jetzt die Entscheidung. Nimmst du das Außen oder nimmst du das Innen? Was willst du? Du hast entschieden? Okay! Bist du dir sicher?

## Kapitel 23
## Was kann ich auf alle Fälle selbst beeinflussen? Das Innen oder das Außen?

Ich denke, wir alle wissen, dass das Außen nicht sofort umsetzbar ist. Wir wünschen uns Reichtum. Wir wünschen uns eine tolle Beziehung, aber sie tritt nicht heute oder morgen sofort ein. Doch warum ist das so? Das ist eine gute Frage. Die andere Frage ist: Kann ich denn mein Innen sofort bestimmen, sofort beeinflussen, sofort reframen? Das ist eine sehr gute Frage.

Stell dir mal vor, du könntest dich einfach mal von Sorgen, Ängsten und Schuldgefühlen befreien.
Du triffst die Entscheidung glücklich zu sein und verspürst ab jetzt Lebenslust und Lebensfreude. Du hast einen tollen Zustand. Du fühlst dich klasse. Du bist komplett selbstbewusst und gehst so durch dein Leben, weil du es so entschieden hast.
Du hast viel Spaß. Du bist im Vertrauen und lebst das, was du wirklich bist, nämlich die LIEBE!
Einfach so!
Nimm wirklich einfach mal an, das würde dir gelingen, es wäre so. Du würdest alle Innenbereiche jetzt hochschieben, ohne Grund. Wie wäre denn das? Wenn dir das gelungen ist, stellt sich die Frage: Brauchst du das Außen dann überhaupt noch? Wenn du alles tust im Leben, um etwas zu haben und dich dann gut zu fühlen und du das jetzt einfach mal so erreichen könntest, dass du frei bist von Sorgen, Ängsten und Schuldgefühlen, dass du glücklich bist, Lebenslust und Lebensfreude verspürst, einen Topzustand hast, dich super fühlst, selbstbewusst, stolz bist, viel Spaß, Vertrauen und Sicherheit hast und das lebst, was du wirklich bist – die Liebe. Ist es dann noch entscheidend, ob du viel Geld hast oder dass du vollkommen gesund bist oder einen enormen beruflichen Erfolg hast und Anerkennung genießt? Du hast doch schon alles!

Die materielle Lebensqualität wird in den Hintergrund treten, Aussehen und Attraktivität spielen dann eine untergeordnete Rolle. Die Familie nimmst du gerne mit in dein Leben, aber du brauchst sie nicht, genauso wenig wie Beziehungen, dein Umfeld, eine Perspektive oder dass du im Fluss bist. Du würdest das alles nicht mehr brauchen. Stimmt's?

Ich habe nicht gesagt, dass du das nicht willst. Ich habe gesagt, dass du das nicht mehr brauchst. Gibst du mir da Recht? Ja? Super, danke!

Doch jetzt habe ich noch eine andere Frage an dich: Brauche ich die Außenbereiche, um meine Innenbereiche nach oben zu fahren? Stell dir vor, du bleibst in genau der Situation, in der du jetzt bist - in der gleichen gesundheitlichen Situation, in der gleichen beruflichen Situation, du genießt die gleiche Anerkennung wie immer schon, dein materieller Lebensstandard hat sich nicht verändert. Du hast das gleiche Aussehen, die gleiche Attraktivität die gleiche Familie, die gleiche Schwingung, das gleiche Beziehungsumfeld. Du bist genauso viel oder wenig im Fluss wie vorher, und du hast die gleichen Perspektiven wie schon immer. Kannst du ohne Grund, ohne dass sich etwas verändert hat, deine Sorgen und Ängste, deine Schuldgefühle abstellen, deine Lebenslust leben, einen Topzustand haben, sprich dich immer super fühlen, selbstbewusst und stolz sein, viel Spaß haben und das leben, was du wirklich bist? Kannst du Liebe, Vertrauen und Sicherheit einfach so leben? Ich denke, nein, denn es fehlt dir der Grund dafür. Stimmt's?

## Kapitel 24
## Alles ist relativ

Alles ist relativ! Alles ist eine Frage der Sichtweise, das heißt, es hängt davon ab, mit was oder wem du es vergleichst, denn es gibt keine Realität.

Du sagst vielleicht: „Wie soll ich mich denn glücklich und stolz fühlen, wenn ich nach wie vor von Hartz IV abhängig bin?“ Wie du nun schon weißt, würden nahezu zwei Drittel der Weltbevölkerung wirtschaftlich sofort mit dir als Hartz IV-Empfänger tauschen.
Das sind fast 5 Milliarden Menschen. 5 Milliarden Menschen riskieren sogar ihr Leben, um etwas zu erreichen, was du nicht wertschätzt. Diese 5 Milliarden sagen: „Wenn ich in Deutschland, in der Schweiz oder in Österreich oder in einem anderen wohlhabenden Land lebe und so eine Grundversorgung genießen kann, dann bin ich der glücklichste Mensch auf der ganzen Welt“. Doch du meinst, du musst dir Sorgen machen, Ängste und Schuldgefühle haben, weil du dort gelandet bist. Du kannst nicht glücklich sein, keine Lebenslust und keine Freude in dieser Situation verspüren. Das müsste doch jeder verstehen. In dieser Situation sollst du in einem Topzustand sein, dich klasse fühlen, Selbstbewusstsein haben und stolz auf dich sein, Spaß, Vertrauen ins Leben haben, Sicherheit spüren und das leben, was du wirklich bist, nämlich Liebe? Wie soll das denn gehen? Doch mach dir bewusst: Dir steht ein Betrag von ca. 1000,00 Euro im Monat zur Verfügung, ohne dass du dafür arbeiten musst. Du sagst, du hast noch andere Probleme? Du sagst, du bist krank? Du hast ein gesundheitliches Defizit? Dann geh mal in diverse Krankenhäuser und sieh dir die Schwerkranken an, die würden alle mit dir tauschen. Du kannst atmen, du kannst dich bewegen, du kannst etwas tun. Die Schwerkranken wären glücklich, wenn sie das könnten. Wird dir klar, wie viele Menschen sofort mit dir tauschen würden? Und du sagst, du hast keinen Grund glücklich zu sein? Das Innen ist eine reine Sichtweise

und eine Wahl, das Außen ist die Folgeerscheinung. Stellen wir uns also mal vor, du würdest wirklich deine Sichtweise ändern und von heute auf Morgen alle Innenbereiche nach oben schrauben, ohne dass in deinem Außen etwas passiert ist. Nimm es einfach mal an und sei mal gemeinsam mit mir so verrückt. Was denkst du, was müsste im Außen geschehen? Du wachst morgens auf, du hast keine Sorgen und keine Ängste, du bist voller Energie, du bist voller Tatendrang. Dich halten keine Schuldgefühle zurück, du gehst nach vorne. Du bist glücklich, du liebst das Leben und du LIEBST dich selbst! Du liebst die Menschen und alles, was auf diesem Planeten ist. Du verspürst Lebenslust und Lebensfreude, Du bist hellwach und in einem super Zustand, du fühlst dich KLASSE. Du bist selbstbewusst und stark. Du bist stolz. Du fokussierst dich auf Spaß, weil alles für dich ein Spiel ist. Du bist vollkommen im Vertrauen, dass dir alles gelingt, dass die Sicherheit dich immer begleiten wird, und du liebst und lebst das, was du wirklich bist, nämlich LIEBE. Ist es nicht logisch, dass dann automatisch Geld kommen muss, dass sich die finanzielle Freiheit einstellt? Jeder Wissenschaftler, jeder Mediziner sagt, wenn du dich gut fühlst, wirkt sich das auf deine Gesundheit aus. Jeder Topmanager und jeder Coach sagt dir, dass sich das auch auf deinen beruflichen Erfolg auswirkt. Du wirst Anerkennung bekommen, die materielle Lebensqualität wird automatisch steigen, ja, sogar dein Aussehen, deine Erscheinung, deine Ausstrahlung, deine Attraktivität werden sich verändern. Deine Familie wird davon profitieren. Du wirst ein anderes Beziehungsnetz aufbauen, das wirklich in Liebe besteht, du trittst in den Fluss des Lebens ein und deine Perspektiven werden immer größer und größer, stimmt's?

Stell dir vor, es wäre so. Du könntest wirklich den Innenbereich sofort vom Geist aus der Flasche für dich auf Maximum setzen lassen. Ich denke, dann ist doch klar, dass der Außenbereich folgen muss. Und wenn nicht? Dann ist es egal, denn dann bist du schon glücklich, du bist ja schon stolz, du bist ja schon Liebe, du bist schon in Sicherheit. Was soll dir geschehen? Das heißt nicht, dass wir das Außen nicht wollen, aber die Notwendigkeit, dass es sofort eintreten muss, die wäre behoben. Aus dieser Sichtweise heraus müssten wir also den Innenbereich wählen.

## Kapitel 25
## Lüge ich mich da nicht selbst an?

Na klar, lügst du dich selbst an. Wenn du einfach ohne Grund deine Innenbereiche nach oben schraubst, dann ist das doch nicht realistisch, oder?

Lass mich dir in diesem Zusammenhang eine andere Frage stellen: Ist es denn realistisch deine Innenbereiche nach unten zu fahren wegen dem, was du im Moment hast? Bedenke nochmals: Zwei Drittel der Menschheit würden in fast jedem Bereich mit dir tauschen.
Wir Menschen lügen uns sowieso immer an. Wir vergleichen uns mit irgendetwas, mit irgendeinem Menschen, mit irgendeiner Situation, mit irgendeiner Wunschvorstellung und fühlen uns dementsprechend erniedrigt, und das hält uns davon ab, die Innenbereiche wirklich zum Leuchten zu bringen.
Wenn dich eine Wespe in den Fuß sticht, hast du die Möglichkeit zu jammern und dich bestraft vom Leben zu fühlen, weil du momentan nicht mehr gehen kannst, oder du kannst sagen: „Glück gehabt! Die Wespe hätte mich auch am Hals stechen können und mir wäre somit die Luftröhre angeschwollen anstatt meines Fußes!" Unrealistisch?
Klar ist das unrealistisch, aber was bringt es dir zu jammern und in den Schmerz zu verfallen, in das Opferdasein zu gehen? Beeinträchtigt das nicht deinen Innenbereich? Wenn wir doch wissen, dass das Innen das Außen und das Außen das Innen so einfach beeinflussen kann, müssen wir doch dort beginnen, wo wir beginnen können, und das ist der Innenbereich. Den verändern wir nur durch unsere Sichtweise und die zu verändern, bedeutet nur, eine Entscheidung zu treffen. Du hältst mich für verrückt?
Danke schön, ich dich auch. Jeder von uns beiden wählt seine Wahrheit, die Frage ist nur, welche Wahrheit ist für dich und dein Leben förderlich? Jetzt wirst du sagen: „Aber das ist doch die Wahrheit. Das machen alle so. Es ist nicht gut, von einer Wespe

gestochen zu werden. Es ist nicht gut, wenn man nur Hartz IV hat. Es ist nicht gut, wenn man krank ist".
Doch diese Sichtweise zieht dich nach unten, kostet dich Punkte im Bereich 'Frei von Sorgen', das kostet dich Punkte im Bereich 'Frei von Schuldgefühlen', sie hält dich davon ab glücklich zu sein.
So verspürst du keine Lebenslust und keine Freude, bist nicht in einem Topzustand und fühlst dich nicht gut. Du bist somit nicht mehr selbstbewusst und nicht mehr stolz. Du hast weniger Spaß, weil du meinst, die Situation unbedingt bereinigen zu müssen. Du verlierst das Vertrauen ins Leben. Du verlierst die Sicherheit. Du verlierst den Boden unter den Füßen. Und über die Liebe brauchen wir gar nicht mehr sprechen, die kommt irgendwann mal im Leben, wenn diese Probleme bewältigt sind.
Mit meiner Wahrheit hast du weniger Sorgen. Es ist so, wie es ist. Du kannst nichts dafür, dass dich die Wespe in den Fuß gestochen hat. Auch wenn andere sagen, dass das mit deinem Leben oder mit deinem Karma oder deinen Gefühlen zu tun gehabt hat. Du darfst Lebenslust und Lebensfreude verspüren, wenn du beim Arzt bist und du neben dir im Krankenbett jemand anderen siehst, den es bei weitem schlimmer erwischt hat, nicht weil du jetzt gewonnen hast, sondern weil du mitfühlst. Du bleibst aber trotzdem selbstbewusst und in einem Topzustand. Du darfst trotzdem lächeln, denn die Situation ändert sich nicht, wenn du nicht lachst. Doch so kommst du besser damit klar.
Ich glaube, das müsstest du erkannt haben.
Vertraue weiterhin auf das Leben, bleibe im Gefühl der Sicherheit und liebe das, was du bist, nämlich die Liebe.
Natürlich argumentiert jetzt dein Gehirn, dein Ego: „Ja, aber das ist die Wahrheit, dass man sich nicht gut fühlen kann, wenn man Defizite im Außenbereich hat!"
Und ich sage dir: „Ja, das stimmt, da hast du Recht. Das ist die Wahrheit!" Doch ich sage dir noch etwas: „Das ist die Wahrheit, außer ... sie ist es NICHT!"

Und jetzt? Ob das die Wahrheit ist oder nicht, entscheidest alleine DU mit deiner Wahl!
So einfach, so profan. Du sagst: „Ja, aber alle machen das so. Da hat das doch seine Richtigkeit."
Dann schau doch mal in die Welt! Willst du genau dieses Spiel mitspielen, das alle spielen? Siehst du all diese glücklichen Rentner bei uns, die so lange gelebt haben, die alle glücklich sind und sich in den Armen liegen, Liebe leben, selbstbewusst sind, voller Stolz und keine Depressionen haben?
Siehst du die leerstehenden Krankenhäuser?
Nein, du siehst all das nicht! Warum siehst du es nicht? Du siehst es nicht, weil die Menschen denken, es gibt nur eine Wahrheit und diese Wahrheit heißt, sich am Außen festzuhalten und sich auf das Negative zu fokussieren. Was wir auf dieser Welt erleben, ist die Folge davon, die Wirkung. Was willst du also?

## Kapitel 26
## Was willst du?

Wenn du genügend Geld hast, du gesund bist, eine tolle Familie hast, dann stellt sich das Innen ein. Du weißt aber auch, dass, wenn du von vornherein glücklich bist, wenn du Lebenslust und Lebensfreude verspürst, wenn du deine Sorgen und Ängste in die Wüste schickst, wenn du deine Schuldgefühle verabschiedest, sich das Außen anpassen wird. Der Geist aus der Flasche ist mittlerweile ungeduldig. Was wählst du nun: Innen oder Außen? Wenn du das Außen wählst, ist die Veränderung sofort sichtbar, wenn du das Innen wählst, ist sie sofort spürbar. Wählst du das Innen, ist die Veränderung - wie gesagt - sofort spürbar und das Außen muss folgen. Wählst du das Außen, ist nicht gesagt, dass das Innen sofort folgt. Kennst du die Studie, die gezeigt hat, dass fast alle Lottomillionäre nach ca. 3 Jahren wieder auf dem gleichen finanziellen Stand sind wie vor dem Lottogewinn? Was sagt das aus? Wenn das Innen nicht passt, wird sich das Außen dem anpassen, egal welche Ausgangsposition der Geist aus der Flasche dir gegeben hat. Was macht also Sinn? Das eine kann ohne das andere nicht, doch was war zuerst da: die Henne oder das Ei? Es ist Zeit eine Entscheidung zu treffen.

Stell dir einfach vor, ich bin der Geist aus der Flasche, ich kann dir das Außen oder das Innen geben. Was wählst du? Analysiere deine Gedanken. Du wählst das Innen, doch du fragst: „Wie lange wird es dauern, bis sich die Veränderung auch im Außen zeigt? Wird sich das Außen wirklich anpassen?“ Ich sage dir: „EGAL! Wenn du dich innen super fühlst, spielt es keine Rolle mehr, wann das Außen folgt!“ In dem Moment, in dem du das sagen kannst, hast du losgelassen. Das ist das Geheimnis! So funktioniert das Loslassen und damit wird alles schneller von alleine kommen, als du denkst. Dazu fällt mir noch eine Frage ein: Ist es wirklich so erstrebenswert auf Knopfdruck reich, gesund, beruflich erfolgreich zu sein, eine hohe materielle

Lebensqualität und eine tolle Familie zu haben, ohne den Weg dorthin selbst gegangen zu sein und dies alles selbst erschaffen zu haben?
Aus eigener Erfahrung und den Erfahrungen der Schüler im LCC weiß ich, dass der Weg zu einem Ziel das Leben wertvoll macht, wenn man sich für eine Richtung entscheidet und sieht, wie sich kleine Türen öffnen und große Tore auftun und dann irgendwann die ganze Welt. Dieser Weg gibt dir die Möglichkeit, dich selbst zu erfahren, dich selbst zu erkennen. Das beginnt im Innen und aus dem Innen erschaffen wir unsere Wirklichkeit im Außen. Die Außen ist eine Folgeerscheinung aus deinem Innen. Solange wir das Innen nicht bestimmen, wird das Außen dem immer eins zu eins entsprechen und umgekehrt. Lass uns also bei dem beginnen, über das wir wirklich selbst entscheiden können, was wir selbst bestimmen, leben können, egal wie verrückt es sich auch anhört – es ist das INNEN!

## Kapitel 27
## Der Weg ist das Ziel!

Ich weiß nicht, wie oft ich diesen Satz in meinen Leben schon gehört oder gelesen habe, doch ich konnte nie sehr viel damit anfangen.

Wie kann der Weg zum Ziel das Ziel sein und nicht das Ziel selbst? Das ist doch ein Widerspruch. Ich weiß nicht, vielleicht geht es dir ähnlich. Wir Menschen wollen doch gewisse Ziele erreichen, weil wir denken, dass wir dann glücklich, reich und anerkannt sind. Also was soll der Satz? Ein Widerspruch in sich selbst?
Mittlerweile habe ich durch mein Leben diesen Satz verstanden, und auch die Schüler in unserem Life-Coaching-Center, deren Leben und Entwicklung ich hautnah miterleben darf, haben seine Wahrheit erkannt.
Wir Menschen hätten am liebsten immer gleich die Erfüllung des Ziels. Wir wünschen uns irgendeinen materialistischen Gegenstand und am schönsten wäre es, wenn er von heute auf morgen in unserem Leben auftauchen würde. Wir wünschen uns Gesundheit statt Krankheit, die Zweisamkeit statt Einsamkeit, Reichtum statt Armut, Erfolg statt Misserfolg. Das alles sollte doch am besten gestern schon eingetreten sein, das ist doch der Sinn des Lebens.
Doch so würdest du die Entwicklung, die du selbst durchmachst und die Veränderung deiner Innenbereiche und damit auch den sukzessiven Wandel in deinen Außenbereichen doch gar nicht wirklich mitbekommen, genau so wenig wie eine Richtungsänderung. Du würdest nicht sehen, wie du auf einmal Rückenwind bekommst, dass die Dinge funktionieren und aufgehen, dass du deinem Ziel jeden Tag einen Schritt näherkommst. Du würdest die vielen kleinen Schritte, die kleinen Teilerfolge nicht bewusst wahrnehmen und dementsprechend auch nicht feiern und würdigen können.
Die Wunder, die das Leben für dich bereithält, dass es dir immer mehr gibt, wenn du im Flow bist, das alles würdest du nicht sehen können

und du würdest diese Freude, diese Überraschung, diesen Genuss nicht erleben und die Menschen nicht sehen können, die genau zum richtigen Zeitpunkt am richtigen Ort bei dir auftauchen und dich vielleicht mit einer Botschaft oder einer Hilfe deiner Zielsetzung wieder ein Stück näherbringen.
Du würdest deine Größe nicht erkennen, du würdest nie erfahren, zu was du wirklich in der Lage bist. Du würdest immer noch denken, dass du machtlos bist und dass das Leben auf Zufällen beruht. Dich selbst und dein Leben bewusst zu erfahren, das ist das Salz in der Suppe.
Wenn du wirklich erfährst und erlebst, dass du dich im Innen verändern kannst und dein Außen dir dann immer folgen muss, dann trittst du in eine ganz neue Dimension deines Lebens ein.
Sei mal ehrlich. Als du gelesen hast, dass das Leben deine Gefühle kopiert und in Form von Begebenheiten für deine Zukunft wieder in deine Gegenwart und deine Zukunft projiziert, ist da nicht ein kleiner Zweifel in dir aufgekommen? Doch wenn du es erfährst und erlebst auf deinem Weg zum Ziel, siehst, wie es zur Realität wird, und die Gewissheit erlangst, dass es so ist, gibt dir das nicht eine enorme Sicherheit in deinem Leben? Wenn heute sofort alles da wäre, was du willst, würdest du viel verpassen.
Ich habe festgestellt, dass es das Ziel ist, dies zu leben, dies zu erfahren, nicht die Erfüllung des Ziels selbst. Wenn du dieses Bewusstsein hast, dann ist der Ausgang deiner Zielsetzung sowieso vorprogrammiert, weil du in deiner Größe und deiner Stärke bist und das Leben dir folgt. Dadurch wirst du immer stärker und bewusster und du transportierst diese Weisheit auf alle anderen Lebensbereiche im Innen und im Außen. Somit erfährst du dich als wahrer Macher und als wahrer Alchemist, und du brauchst den Geist aus der Flasche nicht mehr!

## Kapitel 28
## Wenn du diesen Weg gehst, dann geh ihn nie als MUSS, sondern aus der LUST!

Ein Muss, meine liebe Freundin, mein lieber Freund, kommt aus 'Schmerz vermeiden'. Es ist ein schlechtes Gefühl und das wird sich im Außen und im Innen widerspiegeln. Das Thema Lust ist 'Freude spüren'. Das ist ein gutes und tolles Gefühl und auch das wird sich im Außen widerspiegeln. Welches Gefühl löst Lust aus? Du spürst es in deinem Körper, in deinem Emotionalkörper. Wenn du fragst: „Worauf habe ich Lust? Worauf habe ich morgen Lust? Worauf habe ich in meinem Leben Lust? Worauf habe ich für meine Familie Lust?", spürst du dieses Gefühl. Es ist weit, es ist offen, und genau das wird dir das Leben immer wieder in Erlebnissen und Ereignissen bestätigen. Wie bereits erklärt, folgt das Außen zeitversetzt dem Innen. Das Innen kommt sofort. Deshalb stellt sich die Frage, ob du in der Situation, in der du dich im Moment befindest, in den alltäglichen Dingen, die du tust, auch Lust verspüren kannst? Natürlich kannst du das, denn Lust ist eine Wahl. Stellen wir uns also vor, dein Hund macht sein Geschäft mitten auf den Wohnzimmerboden. Das ist nicht schön – wir müssen es wegräumen. Wir können aber auch sagen: „Ich habe Lust dazu es wegzumachen, weil ich dann erkenne, dass es gar nicht so schlimm ist, dass es schneller und effizienter geht". Die Studien bei uns in der Schule haben bewiesen, dass ein Mensch, der etwas aus Lust tut, schneller und effizienter ist, mehr Spaß hat und die Situation sich entspannt. Das bedeutet, wir fokussieren uns nicht mehr auf die Hundekacke, sondern auf den bald wieder sauberen Wohnzimmerboden. Warum? Weil das Leben uns immer in unserem Gefühlszustand bestätigen muss. Wann immer du etwas aus der Lust heraus tust, hast du mehr Energie. Du bist schneller, du bist effizienter, du hast Spaß, hast ein gutes Gefühl, du hast eine andere Wahrnehmung, eine andere Sichtweise auf dein Leben. Das Leben muss dir dann die Situationen geben, in denen du eben diese Freude verspürst. Deshalb belohne dich. Sei stolz, du hast genügend Gründe dafür. Lass es dir einfach saugut gehen in deinem Leben! Das ist das Geheimnis des Lebens. Dann reagiert dein Leben so, wie du es dir wirklich gewünscht hast. Merkst du jetzt, wie falsch die Gefühle sind, die wir Menschen generell an den Tag legen, weil es uns keiner gesagt hat? Erkennst du jetzt die Wurzel allen Übels? Merkst du jetzt, welche große Chance du in deinem Leben hast? Ich hoffe, ja!

# Kapitel 29
# TEST

Jetzt möchte ich mit dir einen Test machen (den Link zum Download findest du am Ende dieses Buches): Wo möchtest du hin im Innenbereich? Alles ist eine Wahl. Alles kannst du einfach entscheiden. Alles kannst du dir ansehen, und du wirst sehen, alles auf der Welt ist relativ. Denke daran, das ist die Wahrheit, außer sie ist es nicht! Wenn du keine neue Wahrheit wählst, wird sich die bisherige in deinem Leben weiterhin zeigen. Unten findest du einen Übungsbogen, und ich bitte dich, in der angegebenen Skala von 0 – 10 einzutragen, wo du in den einzelnen Gefühlsbereichen, sprich Innenbereichen hin möchtest. Wenn der Geist aus der Flasche dich fragt: „Was willst du haben?“, was würdest du wählen? 0 heißt wenig, 10 heißt Maximum. Bitte trage das jetzt ein!

| **INNEN-Bereiche** | Markiere mit einem **O** deine aktuelle Situation, danach mit einem **X** deine Wunschsituation | | | | | | | | | |
|---|---|---|---|---|---|---|---|---|---|---|
| **Attraktivität** | 0 | 1 | 2 | 3 | 4 | 5 | 6 | 7 | 8 | 9 | 10 |
| **Selbstbewusstsein / Mut** | 0 | 1 | 2 | 3 | 4 | 5 | 6 | 7 | 8 | 9 | 10 |
| **Frei von Sorgen** | 0 | 1 | 2 | 3 | 4 | 5 | 6 | 7 | 8 | 9 | 10 |
| **Frei von Schuldgefühlen** | 0 | 1 | 2 | 3 | 4 | 5 | 6 | 7 | 8 | 9 | 10 |
| **Glücklich sein / Dankbarkeit** | 0 | 1 | 2 | 3 | 4 | 5 | 6 | 7 | 8 | 9 | 10 |
| **Lebenslust und Lebensfreude** | 0 | 1 | 2 | 3 | 4 | 5 | 6 | 7 | 8 | 9 | 10 |
| **Tägl. Zustand selbst bestimmen** | 0 | 1 | 2 | 3 | 4 | 5 | 6 | 7 | 8 | 9 | 10 |
| **Spaßfaktor** | 0 | 1 | 2 | 3 | 4 | 5 | 6 | 7 | 8 | 9 | 10 |
| **Liebe** | 0 | 1 | 2 | 3 | 4 | 5 | 6 | 7 | 8 | 9 | 10 |

Jetzt stelle ich dir eine zweite Frage: Wenn du es selbst entscheiden kannst, was wählst du dann? Bitte entscheide dich auch hier zwischen 0 und 10.

Nachdem du diese Werte eingetragen hast, stelle ich dir eine weitere Frage:
Hast du wirklich überall das Maximum gewählt? Gibt es einen Unterschied zwischen der ersten und der zweiten Skala? Wenn ja, zeigt dies dann nicht, dass wir anderen Menschen oder Fabelwesen mehr vertrauen als uns selbst? Wird dir immer noch nicht klar, wie mächtig und großartig du bist? Ist dir immer noch nicht bewusst, dass du selbst in deinem Leben alles entscheiden kannst? Wenn du deine Innenbereiche veränderst, verändert sich das Außen. Alle großen Biografien wurden von Menschen geschrieben, die ihr Innen verändert haben. Der, der Liebe ist, wird Liebe erfahren. Der, der für Erfolg steht, wird erfolgreich sein. Der, der Mitgefühl lebt und erlebt, wird Mitgefühl erfahren. Der, der gibt, dem wird gegeben. Der, der Verständnis hat, wird Verständnis erfahren und der, der das Leben liebt, dem wird die Liebe im Leben gegeben. Beginne dir selbst zu vertrauen, du Mensch, du Gott in Menschengestalt, du wahrer Alchemist. Sei der, der du wirklich bist und aus der Motivation heraus, die du jetzt in dir spürst, wirst du in der Lage sein alles so zu verändern, wie du es haben möchtest, und das Außen muss dir folgen.

Lass uns nun noch einen weiteren Test machen:
Was ist, wenn du deine Innenbereiche nach oben fährst? Was passiert oder muss im Außenbereich passieren? Bitte trage dies auf der Skala im Übungsbogen (Link zum Download ebenfalls am Ende dieses Buches) unten ein.

| Auswirkungen auf die AUSSEN-Bereiche ⇨ / INNEN-Bereiche ⇩ | Gesundheits-zustand | Erscheinung Ausstrahlung | Beruflicher Erfolg | Finanzielle Situation | Familienleben & Beziehungs-umfeld | Im Fluss sein | Perspektive |
|---|---|---|---|---|---|---|---|
| Attraktivität/Liebe | | | | | | | |
| Selbstbewusstsein/ Mut | | | | | | | |
| Frei von Sorgen | | | | | | | |
| Frei von Schuldgefühlen | | | | | | | |
| Glücklich/Dankbar sein | | | | | | | |
| Lebenslust/Freude/Spaß | | | | | | | |
| Tägl. Zustand selbst bestimmen | | | | | | | |

Beispiel: Wirkt sich der gesteigerte Innenbereich „Attraktivität/Liebe“ auf den Gesundheitszustand aus, Ja oder Nein? Wirkt sich dieser Innenbereich auch auf den Bereich „Erscheinung/Ausstrahlung“ aus; auf „Beruflicher Erfolg“ usw.?

Die Innenbereiche sind eine Wahl und die Außenbereiche sind eine Folge der Innenwahl. Das hast du nun begriffen. Weißt du, wie weit du jetzt bist? Weißt du, dass sich dein Leben ab jetzt so verändern wird, wie du es dir schon immer gewünscht hast? Ich gebe dir nun meinen Lieblingsspruch mit auf den Weg:
Wenn du wirklich wüsstest, wie großartig und mächtig, welch wahrer Schöpfer du bist, würdest du vor deiner eigenen Größe vor Ehrfurcht erstarren.
Es ist Zeit zu erkennen, welch wahrer Schöpfer in dir steckt.

Sich einem solchem Buch so zu öffnen, sich dieses überhaupt zu kaufen und es zu lesen, sich auf diese Reise zu begeben, es umzusetzen und es zu erleben, das ist wahre Größe.
Das ist Alchemie. Der, der das tut, ist ein Macher, ist Schöpfer seines Lebens.
Ich ziehe meinen Hut vor dir, du wahre göttliche Begebenheit!
Menschen brauchen oft nur den einen Schubs, um aus ihrem Leben etwas zu machen, denn nicht das Talent, nicht die Fähigkeiten oder bestimmte Begebenheiten sind entscheidend, sondern alles, was wir dafür brauchen, steckt immer in uns selbst. Jeder hat es, jeder kann es erwecken, zu jedem Zeitpunkt in seinem Leben. Das Spannende daran ist für mich die Frage, wann ein Mensch wirklich seine wahre Größe erkennt.

## Kapitel 30
## Der Zustand – Die vier Mächte

Wie bereits erläutert, ist mein Zustand, meine Stimmung, sprich, wie ich mich fühle, das Wichtigste, das Heiligste, was ich, was wir besitzen. Es ist das, was mir keiner nehmen kann, wenn ich es nicht will. Ich alleine kann das entscheiden.

Mit dem Wissen aus diesem Buch bin ich jederzeit in der Lage, in meinem Leben meinen Zustand selbst zu bestimmen. Ich habe meinen Leitspruch für mein Leben gewählt, der mich immer begleitet, der mich immer wieder in mir selbst gestärkt hat und das oberste Gesetz für mich ist:

<u>Nichts und niemand bestimmt meinen Zustand außer ich selbst!</u>

Merkst du, welche Kraft und Freiheit in diesem Spruch stecken?

Man kann dir alles nehmen: dein Geld, dein Auto, deine Freiheit, deine Familie, deine Gesundheit, dein Aussehen, einfach alles. Aber eines kann man dir nicht nehmen, und das ist, wie du dich fühlst.

Das bestimmst nur du, wenn du es wirklich verstanden und verinnerlicht hast.

Dein Zustand, deine Stimmung, dein Gefühlsverhalten sind also deine eigene Wahl.

Ich möchte dir jetzt zeigen, wie du deinen Zustand noch besser und wirklich selbst bestimmen kannst. Dazu musst du zuerst verstehen, wie der Mensch funktioniert. Hast du Lust?

Es gibt vier Bereiche, die letztendlich meinen, deinen, unseren Zustand im Leben bestimmen. Diese sind das Denken, das Sprechen, das Handeln (dazu gehört auch unser Verhalten) und das Gefühl.

Die Qualität dieser vier Mächte wird bestimmt aus der Speicherung in unserem Unterbewusstsein und damit von dem, was wir in unserem Leben schon erlebt haben, von den Ereignissen, von den Erlebnissen,

von den Beredungen und den Wahrnehmungen, die bisher in unserem Leben passiert sind. All das ist in unserem Unterbewusstsein abgelegt.
Zwei dieser vier Mächte, das Denken und das Fühlen, haben wir in diesem Buch bereits eingehend behandelt.
Ich denke, du weißt nun, wie du deine Einstellung zu deinem Leben so verändern kannst, dass du in das Leben gelangst, das du dir schon immer vorgestellt hast.
Ich denke auch, dass du mittlerweile auch deine Gefühle selber bestimmen kannst, egal aus welcher Zeitzone (Vergangenheit, Gegenwart, Zukunft) du sie dir holst. Diese beiden Mächte hast du zumindest in der Theorie, sprich im Bereich des Wissens verinnerlicht.
Im Folgenden werde ich dir erklären, wie du mit deiner Physiologie, sprich mit deinem Körper und deiner Sprache, auf deinen Zustand einwirken kannst.
Doch zuvor musst du verstehen, dass diese vier Mächte zusammenhängen, dass sie miteinander verbunden sind, dass sie einander bedingen. Das Denken beeinflusst das Sprechen. Das Sprechen beeinflusst das Handeln und das Handeln beeinflusst das Gefühl. Das Gefühl beeinflusst aber auch das Handeln, das Sprechen und das Denken. Das Denken wiederum beeinflusst direkt das Handeln und umgekehrt. Alle diese vier Mächte sind miteinander verbunden und hängen zusammen.
Doch warum ist das so? Das ist so, weil alles, was wir je in unserem Leben erlebt und erfahren haben, im Unterbewusstsein gespeichert ist! Das ist weder gut, noch ist das schlecht. Es ist eine Tatsache. Wissen wir nicht, dass dies so ist, werden wir zu Opfern, weil wir oftmals irgendetwas sprechen oder eine gewisse Haltung annehmen (wir kommen später noch einmal darauf zurück), die dazu führen, dass dazu passende Gefühle und Denkgewohnheiten aus unserem Unterbewusstsein hervorgeholt werden, ohne dass wir verstehen, warum das so ist. Das Gleiche passiert bei einem unbewussten Gefühl oder der unbewussten Fokussierung auf das Denken.

Wenn ich mir jedoch der Tatsache bewusst bin, dass alle vier Mächte zusammenhängen, dann bin ich kein Opfer mehr, sondern der Held in meinem Leben.

Hier ein Beispiel dafür, wie die vier Mächte zusammenhängen:
Wenn du mit schwacher, trauriger Stimme sprichst, reagiert dein Unterbewusstsein aus der Speicherung mit der passenden Haltung, den entsprechenden Gedanken und dem passenden Gefühl.
Das Unterbewusstsein nimmt die Aktion/Reaktion aus einer deiner vier Mächte wahr und sucht die zu deiner traurigen Stimme passende Körperhaltung. Dazu gehört nicht nur, wie du sitzt oder dich bewegst, sondern auch deine Mimik und deine Gestik. Dazu gehören auch deine Ausstrahlung, die Aktivität deiner Gesichtsmuskeln, ob dein Kopf nach oben oder nach unten zeigt, ob deine Schultern nach vorne oder nach hinten gerichtet sind, ob die Bewegungen, die du machst, Schwäche oder volle Stärke ausdrücken.
Versuch doch zum Beispiel mal mit einer traurigen Stimme ein ganz freudiges Ereignis zu beschreiben, ein Ereignis, bei dem du ein gutes, ein euphorisches Gefühl hast, bei dem deine Bewegungen, deine Körperhaltung aktiv sind, deine Hände sich bewegen, dein Blick vor Freude strahlt und du von schönen Gedanken begleitet wirst, doch das alles mit einer traurigen Stimme. Merkst du was? ES GEHT NICHT!
Warum geht das nicht? Es geht nicht, weil wir Menschen zu 85 bis 95 Prozent aus dem Unterbewussten funktionieren.
Das Unterbewusstsein nimmt einen Impuls wahr und passt auf Grund dessen, was du bisher in deinem Leben erlebt hast, und auf Grund von Beobachtungen auf der Welt das Verhalten und die Gefühle an. Dein Unterbewusstsein weiß, dass du immer, wenn du eine traurige Stimme hast, auch traurige Gedanken, einen traurigen Blick, eine traurige Mimik, eine traurige Haltung und ein trauriges Gefühl hast. Es sorgt immer dafür, dass alle vier Mächte zusammenpassen und passt somit die anderen drei Mächte dem wahrgenommenen Impuls an.

Doch gehen wir mal weg von der Sprache: Das Unterbewusstsein nimmt ein Gefühl der Unsicherheit bei dir wahr. Hol dir mal solches Gefühl her, eine Ungewissheit. In dem Moment passt sich, auch wenn du gerade nicht laut sprichst, deine innere Stimme der Unsicherheit an, und diese innere Stimme entspricht immer eins zu eins deiner äußeren Stimme. Merkst du, wie deine Gedanken aus dem Gefühl der Unsicherheit sind? Dein Unterbewusstsein reagiert auf den Impuls des Unsicherheitsgefühls und passt automatisch die Qualität deiner Gedanken, sprich deiner inneren Sprache diesem Gefühl an. So wird nicht nur gesteuert, was du denkst oder sprichst, sondern auch, wie du denkst und sprichst. Automatisch wirst du jetzt, wenn du ein guter Beobachter bist, in deinem Körper, an deiner Physiologie bereits merken, dass sich etwas verändert hat, sprich in die Unsicherheit geht. Vielleicht bemerkst du jetzt, dass deine Art umzublättern, die Art deines Sitzens, dein Blick, etwas unsicherer werden. Wieso ich das weiß? Wieso ich mir da so sicher bin? Weil das so ist!
Das Unterbewusstsein hat auf Grund seiner Beobachtung deines Lebens zu einem Unsicherheitsgefühl eine gewisse Sprache, eine gewisse Physiologie und gewisse Gedanken und die werden nun automatisch und unbewusst abgerufen.

Da wir zu 85 bis 95 Prozent aus dem Unbewussten funktionieren, entscheiden wir eigentlich gar nichts selbst. Wenn das Unterbewusstsein einen Impuls bekommt, passt es im Bruchteil einer Hundertstelsekunde den gesamten Zustand, das heißt, die Gedanken, Gefühle, die Physiologie und die Sprache diesem ersten Impuls an.
Nehmen wir nun einen Impuls aus deiner Physiologie: Wenn du deine Schultern nach vorne richtest, den Kopf nach vorne hängen lässt und den Blick senkst, lässt dein Unterbewusstsein in diesem Moment keinen positiven Gedanken zu!
Ich bin sicher, du hast jetzt erkannt, was ich meine.
Merkst du jetzt, wie nahe du deiner Freiheit kommst? Du zweifelst immer noch? Dann leg jetzt Musik auf und beginne dich dazu zu

bewegen, zu tanzen. Du hast keine Musik? Dann habe ich ein Lied für dich! Such dir im Internet das Lied „Pure Lust am Leben“. Lust am Leben zeigt sich nicht durch eine schwache Sprache, eine traurige Stimme oder durch eine destruktive Haltung. Lust zeigt sich durch Lebensfreude in Form deiner Sprache und deiner Physiologie. Also los jetzt! Leg diese Musik auf und tanze dazu.

Viele Menschen sagen: „Wenn ich getanzt habe, dann bin ich ein anderer Mensch. Immer wenn ich tanze, habe ich gute Gefühle. Ich glaube, das muss mir in die Wiege gelegt worden sein“. Nein, das muss es nicht. Es gibt dazu ein englisches Sprichwort, und das lautet: „Move your ass and your brain will follow“, zu Deutsch: „Bewege deinen Hintern, und deine Gedanken werden folgen“.

Jeder, der Sport macht, wird bestätigen, dass sein Kopf dabei frei wird, dass er wieder klare Gedanken fassen kann, dass er andere Gefühle bekommt, dass er danach wieder fitter ist. Egal was du tust, wenn du deinen Körper bewegst, dann weiß dein Unterbewusstsein, dass es dazu entsprechende Gefühle gibt, dass es dazu eine innere und äußere Stimme gibt und es kennt auch die dazu passenden Gedanken.

Dass du dir deine Gefühle aus allen drei Zeitzonen klauen kannst, darüber haben wir ja schon ausführlich gesprochen. Wenn du dir also ein Gefühl wählst, dann werden sich automatisch deine Sprache, deine Physiologie und dein Denken anpassen.

Wir haben auch über deine Einstellung gesprochen, über dein Denken, und wenn du dieses veränderst, wozu du genauso wie bei deinen Gefühlen zu jedem Zeitpunkt in deinem Leben in der Lage bist, dann verändern sich automatisch deine Gefühle, deine Physiologie und deine Sprache.

Merkst du, welche Möglichkeiten du jetzt besitzt? Merkst du, wie sich ein ganz neues Leben auftut? Begreifst du, dass du nicht Opfer bist, so wie es dir immer eingeredet wurde, sondern dass du wirklich Macher bist, dass du dein Leben wirklich selbst bestimmen kannst? Wenn du es nicht beim Wissen belässt, sondern es in dein Leben bringst und umsetzt und somit zur Weisheit gelangst, dann beginnt eine neue

Prägung in deinem Unterbewusstsein. Dein Unterbewusstsein holt nämlich nicht irgendeine Speicherung aus deinem Leben hervor, sondern es holt für den jeweiligen Impuls die massivste Speicherung hervor, denn es speichert nach drei Kriterien ab: 1. Präsenz, 2. Zeitnähe und 3. Wiederholungseffekt, sprich Häufigkeit. Wenn du also etwas erlebt hast, was dir einen enormen Schock in deinem Leben versetzt hat, dann ist das präsent. Wenn dieses Erlebnis zeitnah stattgefunden hat, greift das Unterbewusstsein natürlich gerne auf dieses jüngste Erlebnis zurück. In dem Moment, in dem es darauf zurückgreift, tritt eine Wiederholung ein, und es geht über in die Häufigkeit. Und so bist du dann geprägt!

Wir alle sind geprägt. Wir können nichts für eine Prägung. Eine Prägung entsteht einfach auf Grund dieser drei Kriterien: Präsenz, Zeitnähe und Häufigkeit. Du nimmst etwas präsent wahr, hast es heute schon mal erlebt, und dein Unterbewusstsein läuft zum gleichen Thema wieder los und lässt dich das Ganze schon wieder durchleben. Somit geht es über in die Häufigkeit und jetzt ist es gespeichert.

Doch wenn du jetzt beginnst dieses Wissen in die Weisheit zu bringen, wenn du jetzt beginnst dich neu zu verhalten, immer wieder neu zu entscheiden, eine deiner vier Mächte bewusst einsetzt, machst du das nun eintretende Erlebnis präsent, du erlebst es zeitnah und es geht automatisch in die Häufigkeit. So prägst du dich um.

Mit der Zeit werden das neue Denken, das neue Verhalten, das neue Fühlen und das neue Sprechen zu deiner zweiten Haut. Du wirst es genauso unbewusst tun, wie du Auto fährst oder andere tägliche Routineaufgaben erledigst. Es wird dein Leben.

Gehirnforscher haben herausgefunden, dass, wenn man sich 21 Tage lang nach einem gewissen Muster verhält, das Unterbewusstsein neu programmiert wird.

In der Forschungsabteilung des LCC haben wir mittlerweile festgestellt, dass es ausreicht, ein Gefühl drei Tage lang intensiv zu leben, um das Unterbewusstsein umzuprogrammieren.

Wenn ich für nur drei Tage intensiv meine Sprache, meine Physiologie oder meine Gedanken verändere, reicht dies aus, um mein Unterbewusstsein neu zu programmieren, und das neue Programm ist dann ganz oben abgespeichert.

Ich bin kein Theoretiker, denn dann würde ich dir jetzt zum Thema Unterbewusstsein noch weitere 100 Kapitel schreiben. Doch meiner Meinung genügt dieses Kapitel, um es zu verstehen und auch zu verinnerlichen.
Das notwendige Wissen besitzt du nun. Jetzt bring es in dein Leben. Bring es in die Praxis. Bring diese PS auf die Straße.
Da ich kein Theoretiker, sondern Praktiker bin, habe ich die Lebensschule gegründet. Hier treffen sich Menschen immer und immer wieder, um diese Techniken, diese Lehren miteinander zu üben. Dadurch bringen sie die Veränderungen bewusst oder unbewusst in ihr Leben.
An dieser Stelle bekommst du ein Geschenk: Ich schenke dir ein Video von mir. Wenn du wirklich etwas aus deinem Leben machen möchtest, kannst du es unter www.lcc-deinbuch.de herunterladen. Ich erkläre dir darin nochmals, wie diese vier Mächte zusammenhängen, da ich denke, dass du wirklich etwas verändern möchtest.

Alles im Leben ist neutral. Auch dieses Kapitel ist neutral. Ob es für dich wichtig ist oder nicht, das entscheidest du. Doch bedenke: Dein Unterbewusstsein ist immer schneller als dein Verstand. Es ist deinem Verstand immer voraus, und deswegen sagen die Gehirnforscher, dass wir zu 85 Prozent bis 95 Prozent nicht aus dem bewussten Verstand, sondern aus dem Unterbewusstsein reagieren. Wir agieren also nicht, sondern wir reagieren. Das heißt, wir entscheiden nur zu 5 bis 15 Prozent wirklich bewusst. Die entscheidende Frage ist jedoch, was in unserem Unterbewusstsein präsent abgelegt ist, denn das rufen wir in einer konkreten Situation automatisch ab. Sind dort für unser Leben nicht förderliche Glaubenssätze oben abgelegt, dann wird darauf zurückgegriffen, und wir wundern uns vielleicht, warum in unserem Leben viele Dinge nicht aufgehen. Haben wir diese jedoch ersetzt beziehungsweise ausgetauscht gegen förderliche Glaubenssätze, dann werden wir mehr Erfolg, mehr Schönheit und mehr Qualität in unserem Leben genießen dürfen. Wenn du Scheiße in deinem Unterbewusstsein hast, dann ist die Wahrscheinlichkeit, dass daraus Pralinen entstehen, relativ gering. Wenn wir aber Schokolade abgelegt haben, dann ist die Wahrscheinlichkeit, dass ganz zarte Pralinen daraus entstehen, ziemlich hoch. Stimmt`s?

An dieser Stelle möchte ich auf etwas hinweisen: Wir Menschen haben aufgrund der Programmierungen unseres Unterbewusstseins immer den Drang uns anzupassen.

Wenn uns jemand anruft und hat eine traurige oder schwache Stimme, passen wir uns dieser Stimme an, ohne dass wir dies bewusst entschieden haben. Das Unterbewusstsein wählt die zu der Stimme am anderen Ende der Leitung passende Stimme, das passende Gefühl, das passende Verhalten und entsprechende Gedanken. Und schon sind wir in einer Situation, die wir gar nicht bewusst gewählt haben.

Auch wenn wir jemanden treffen, passen wir uns automatisch seiner Physiologie und seiner Stimme an. Sogar wenn wir jemanden nicht treffen, passen wir uns an, denn die Telepathie, die Übertragung von Gedanken und Gefühlen, wird, obwohl wir im 21 Jahrhundert leben, immer noch deutlich unterschätzt. Wir passen uns immer an. Wir passen uns an und holen aus dem ersten Impuls die weiteren Reaktionen hervor.

Nun liegt es bei dir, wie wichtig du dieses Kapitel nimmst. Alles ist neutral. Die Wichtigkeit einer Sache bestimmst du als Mensch. Diese Freiheit besitzen wir. Du hast die Möglichkeit dieses Buch einfach auf die Seite zu legen und zu sagen: „Das ist interessant". Dann bleibt es beim Wissen. Wenn du aber wahrer Alchemist werden möchtest, wenn du wirklich aus diesem Grund zu diesem Buch gegriffen hast, dann solltest du beginnen, dieses Wissen in Weisheit zu verwandeln, denn Weisheit ist angewandtes Wissen. Ich weiß, ich habe dich in diesem

Kapitel gefordert. Vielleicht hast du gedacht: „Was ist das denn für ein A...- ich soll jetzt Musik auflegen? Ich soll jetzt hochspringen? Der weiß doch gar nicht, wie es mir geht oder wo ich gerade bin". Nein, das weiß ich nicht, es ist auch nicht wichtig. Ich bin Mensch und ich liebe Menschen. Ich bin bereit für andere Menschen alles zu tun, aber nicht, indem ich sie bemitleide und nicht indem ich Verständnis dafür zeige, dass sie sich so benehmen, wie sie sich alle benehmen. Wir alle sollten für den Planeten und für die Menschheit da sein. Und dafür gilt es vielleicht auch mal aus der Reihe zu tanzen. Dafür müssen wir aufhören, uns immer so zu benehmen, wie sich alle benehmen. Denn wenn wir das nicht tun, werden wir mit Sicherheit keine Veränderung in unserem Leben erreichen. Wir werden keine Veränderungen in unserem Unterbewusstsein bewirken und wir werden wieder so reagieren, wie es bisher war. Ich weiß, was du jetzt denkst: „Was ist, wenn ich aus der Reihe tanze, wenn ich mich mal ganz anders benehme oder mich anders verhalte? Was werden die Menschen über mich sagen?" Ich sage dir dazu einen Spruch, der oberflächlich betrachtet sehr gut ist, doch du darfst ihn nicht auf die Goldwaage legen, denn so denke ich nicht wirklich. Dieser Spruch lautet „Sag mir, was du von mir denkst, und ich sage dir, was du mich kannst!"

Das ist wirklich meine Einstellung gegenüber Menschen, die immer wieder meinen, sie müssen einem anderen Menschen sagen, was sie über ihn denken. Ich höre mir jede Meinung über mich an, aber es ist ein Unterschied, in welchem Zustand ich diese Meinung analysiere: in einem guten Zustand brauche ich eine Sekunde, um klar zu denken, in einem schlechten Zustand brauche ich lange...

Deshalb sage ich dir: Hör auf, dir ein schlechtes Gewissen zu machen, hör auf, dir Schuldgefühle zu machen und hör endlich auf, dir wieder Ängste und Sorgen zu machen, weil du vielleicht irgendwann was getan hast, was nicht so ausgegangen ist, wie du es dir gewünscht hast. Diese Themen haben wir in diesem Buch doch schon behandelt und du hast deine Sorgen, Ängste und Schuldgefühle eliminiert. Also beginne nicht schon wieder damit, dich durch ein schlechtes Gewissen und neue

Ängste oder Sorgen zu foltern. Es ist Zeit damit aufzuhören. Es ist Zeit in ein neues Leben zu gehen.

## Kapitel 31
## Was hindert uns? Was hält uns ab?

Ich denke an dieser Stelle dürfte jeder Leser verstanden haben, dass das Leben nicht immer so weiter laufen muss, wie es bisher verlaufen ist. Viele Menschen sagen, die Vergangenheit bestimmt die Zukunft. Oder anders gesagt: Die Vergangenheit ist gleich Zukunft.

Menschen erleben immer wieder das Gleiche, weil wir uns gleich benehmen, die gleichen Glaubenssätze haben, die gleiche Einstellung, gleiche Gefühle, die gleiche Art zu denken und die gleiche Art zu handeln. Ich denke, du weißt, was ich meine.
Die Vergangenheit ist aber nicht die Zukunft, und die Zukunft wird nicht der Vergangenheit gleichen, wenn wir uns verändern. Wie das geht, habe ich in diesem Werk, in Deinem Buch, sehr deutlich beschrieben.
Es gibt aber noch ein paar Punkte, die dich in deinem Leben daran hindern, das zu leben, was du dir aus tiefstem Herzen ersehnst, und auf diese Punkte möchte ich nun zum Schluss noch eingehen:
Wir alle haben Glaubenssätze. Glaubenssätze sind Prägungen in unserem Unterbewusstsein, die unsere Sichtweise auf das Leben massiv beeinflussen. Diese Glaubenssätze resultieren hauptsächlich aus unserer eigenen Vergangenheit, aber noch mehr aus der Sichtweise unserer Vergangenheit, also daraus, wie wir das Erlebte wahrgenommen haben.
Wir haben förderliche Glaubenssätze und wir haben nicht förderliche Glaubenssätze im Leben. Sie entsprechen beide nicht der Realität, denn es gibt im Leben keine Realität. Wenn also z. B. der Lehrer zu dir gesagt hat: „Du bist dumm. Du wirst nie etwas verstehen", dann kann es sein, dass du das ernst genommen und es als Urteil über dich empfunden hast. Somit hat es sich in deinem Unterbewusstsein massiv manifestiert. Dementsprechend reagierst du, dementsprechend nimmst du wahr, dementsprechend handelst du.

Das heißt also, dass nur ein Satz, den der Lehrer vielleicht nicht einmal so gemeint hat, dein ganzes Leben beeinträchtigt, weil du felsenfest davon überzeugt bist, dass du nicht der oder die Schlauste bist, dass du länger brauchst als andere, um etwas zu verstehen, dass du nicht besonders intelligent bist, dass du Defizite beim Lernen hast. All das kann durch so ein kleines Ereignis hervorgerufen worden sein und beeinträchtigt dich massiv dein ganzes Leben lang. Da dich dieser Glaubenssatz dauerhaft begleitet hat und du immer wieder darin bestätigt wirst, wird der Glaube daran immer stärker.
Weiterhin haben wir alle in der Vergangenheit Traumen erlebt. Mit Traumen meine ich irgendein Ereignis, das dich sehr schockiert hat, etwas, das dir in dem Moment, als es passiert ist, den Boden unter den Füßen weggezogen hat. Das kann alles Mögliche gewesen sein: ein Autounfall, ein Wutausbruch vom Chef, eine Trennung, der Tod eines geliebten Menschen, was auch immer. Solche Traumen sind in deinem Unterbewusstsein abgespeichert und du konntest sie weder im Wachzustand noch im Schlaf verarbeiten oder aufheben, da es in diesem Moment einfach zu gewaltig für dich war. Und das beeinträchtigt natürlich dein Leben und ist oft der Grund, warum manche Menschen sich nach einem Autounfall nicht mehr trauen selber Auto zu fahren, warum manche Menschen Klaustrophobie haben oder unter Höhenangst leiden und Vieles mehr.
Auch deine Gewohnheit zu denken und zu fühlen hat eine entscheidende Einwirkung auf dein Leben. Die Sichtweise darauf, wo du im Leben stehst, sprich, wo du dich positioniert hast, ist das alles Entscheidende für den Verlauf deines Lebens.

Fassen wir also zusammen: Wir haben unerwünschte Glaubenssätze, wir haben unerwünschte Traumen und unerwünschte Folgen dieser Traumen, unter denen wir leiden. Wir haben unerwünschte Süchte sowie Denk- und Gefühlsgewohnheiten, in denen wir gefangen sind, die wir aber schon lange abstellen möchten, aber es gelingt uns nur schwer oder gar nicht!

Meine liebe Ehefrau, Sabine, nimmt sich dieser Thematik seit vielen Jahren an, und es ist ihr gelungen, eine hervorragende Therapieform zu entwickeln. Wir nennen es die Transformationstherapie nach Sabine Schober. Dieses Therapieprogramm wird durch von ihr ausgebildete Therapeuten individuell auf den Klienten abgestimmt und angewendet. Es umfasst das Unterbewusstseins-Reframing, das Life-Reframing, die Transformationsaufstellung und das Bewusstseins-Reframing. Mit diesen Techniken wurden bei jedem einzelnen Klienten vielfach unglaubliche Ergebnisse erzielt, und es erfordert nur einen geringen Zeit- und Geldaufwand, um in seine wirkliche Stärke einzutreten und in das Bewusstsein zu kommen, mit dem man wirklich in seinem Leben einen leichteren Weg gehen kann. Wie das im einzelnem funktioniert, kannst du auf unserer Internetseite unter www.lcc-seminare.de nachlesen.

## Kapitel 32
## Der Urheber und Verursacher von Sorgen und Ängsten

Gehen wir noch einen Schritt zurück. Sehen wir uns das Ganze nochmals an. Bevor Ängste und Sorgen entstehen muss ja irgendetwas geschehen sein, damit diese überhaupt ausgelöst werden. Sorgen und Ängste werden geboren aus dem Zweifel.

Zweifel ist die Ursache für alles, was wir nicht wollen. Der Zweifel macht uns schwach. Er lässt uns zaudern, raubt uns Energie. Unsere Aufmerksamkeit und Konzentration werden gedämpft. Der Zweifel lässt uns schwanken zwischen Handeln und Erstarrung, verhindert klare Entscheidungen, untergräbt unsere wahre Größe, verschleiert klare Bilder und Visionen und bringt uns ins Schwanken. Denke zurück in deinem Leben: Wann immer du etwas getan hast, wo du keinen Zweifel hattest, sondern dir ganz klar im Kopf war, wie das ausgeht, wo du dir sicher warst, wo du Spaß daran hattest, Lebensfreude empfunden hast, zweifelsfrei etwas begonnen hast, hat es funktioniert. Wann immer du aber mit einem Zweifel in irgendein Vorhaben gegangen bist, wurde das Ergebnis, wie das Wort schon sagt, zweifelhaft.
Erinnere dich: Das Leben bestätigt dich immer in dem Gefühl, mit dem du etwas tust. Du hast zwei Stimmen im Kopf. Ich nenne diese beiden ganz dem Klischee entsprechend Engelchen und Teufelchen. Das Engelchen gibt dir ganz klare Bilder. Das Engelchen sagt: „Mach es, tu es, du hast nichts zu verlieren, das Leben ist ein Spiel. Erfahre deine eigene Größe. Schau mal, wie mächtig du bist. Nimm jede Herausforderung als Geschenk an. Wachse mit ihr. Du bist gut. Steig auf in höhere Sphären." Es flüstert in dein Ohr, dass du dich jederzeit verändern kannst, dass du stark und gut bist.
Das Teufelchen dagegen sagt dir immer wieder: „Tu es nicht! Was ist, wenn irgendetwas passiert? Es ist etwas Neues. Bleib klein. Sei

vorsichtig. Sei auf der Hut. Das Leben ist gefährlich. Wer bist du denn eigentlich, dass du dir so etwas zutraust?!" Das Teufelchen hält uns zurück. Das Engelchen beflügelt uns. Wir alle haben diese Stimmen in unserem Kopf, in unserem Sein, und wir stehen in der Mitte und wissen nicht, was wir tun sollen. Das eine spricht dafür, das andere hält uns zurück. Und daher kommt der Zweifel. Für dieses Teufelchen ist in unserem Gehirn ein Teil unserer Großhirnrinde verantwortlich. Er nennt sich Neokortex.

Der Neokortex ist dazu gedacht, Sicherheit zu schaffen und Kontrolle auszuüben. Er hält uns in unserer Komfortzone, sprich dort, wo wir schon immer waren, denn er spielt uns vor, wenn wir den Weg gehen, den wir immer schon gegangen sind, kann uns keine Überraschung im Leben überwältigen.

Du und ich wissen aber, dass dem nicht so ist. Auch wenn ich immer den gleichen Weg gehe, den ich schon viele Jahre gegangen bin, hält das Leben trotzdem noch immer wieder neue Überraschungen für uns parat. Da wir aber aufgrund unserer Gesellschaft, aufgrund unserer Erziehung und unserer Vergangenheit so geprägt worden sind, dass wir immer wieder in diesen Bereich der Vorsicht, des Zögerns, der Kontrolle eingestiegen sind, haben wir diesen Teil unseres Gehirns massiv aktiviert. Das heißt also, unsere Denkgewohnheit geht automatisch und unweigerlich in unsere Großhirnrinde. Wir vertrauen diesem Bereich stärker als jedem anderen, weil wir denken, da es alle so machen, muss es richtig sein. Im Endeffekt haben wir wie beim Sport nur einen Muskel stärker trainiert als die anderen, das heißt, wir haben den Neokortex trainiert und dementsprechend sind das Teufelchen, sprich die Angst, die Kontrolle und das Sicherheitsdenken übermächtig geworden.

Aber bedenke: Niemals kannst du in deinem Leben etwas kontrollieren. Niemals kannst du etwas in deinem Leben halten. Niemals bist du in der Lage, das Spiel des Lebens zu gewinnen, wenn du spielst, um nicht zu verlieren. Das geht nicht. Es ist ein Widerspruch in sich. Du kannst nur glücklich sein, du kannst nur

Kontrolle haben, du kannst nur in Sicherheit sein, wenn du im Erschaffen bist. Und zum Erschaffen ermutigt dich dein Engelchen, ermutigen dich so viele Gehirnzellen in deinem Kopf, die mächtiger sind als der Neokortex. Doch wir haben uns angewöhnt, dem Neokortex und damit dem Teufelchen mehr Beachtung zu schenken. Das bringt uns immer wieder in den Zweifel. Doch bedenke: Wann immer du etwas mit Zweifel getan hast in deinem Leben, war das Ergebnis zweifelhaft. Wann immer du mutig und in deiner Stärke nach vorne gegangen bist, voller Optimismus, Lebensfreude und das Leben als Spiel angesehen hast, ist es dir gelungen, und zwar nicht nur im Ergebnis, sondern bereits zu Beginn des Vorhabens.
Entscheide dich also in deinem Leben auf dein Engelchen zu hören. Du sagst jetzt, dass das leichter gesagt als getan ist. Da gebe ich dir Recht. Auch hier bedarf es konkreter Unterstützung oder einer dauerhaften Neuprogrammierung. Wenn du heute etwas vorhast, und du hast Zweifel, dann fang erst gar nicht an. Wenn du aber sagst, du musst etwas tun, du kommst nicht drumherum, dann gebe ich dir einen Tipp: Schmeiß den Zweifel über Bord und hör auf dein Engelchen!
Weißt du, was dein Engelchen ist? Ich möchte es dir aus meiner Sicht erklären:
Dein Engelchen, das dich ermutigt, das dir Liebe gibt, das dir Zuversicht zuspricht, das ist deine Seele. Höre auf deine Seele und nicht auf die Stimme, die dir sagt, wie es nicht geht.
Geh nach vorne, höre auf dein Engelchen und tu es einfach!
Jetzt, in dieser Sekunde, meldet sich wieder der Neokortex bei dir. Stimmt's? Er fragt: „Wenn du das tust und es funktioniert nicht, was dann?“ Dann sage ich dir, was du ihm dann antworten sollst.
Sag ihm: „Dann habe ich alles gegeben, dann habe ich alles getan, und wenn es nicht so sein soll, dann muss ich damit leben. Wenn ich aber auf dich höre und beginne bereits zu zweifeln und versuche in der Defensive zu bleiben, habe ich nicht einmal die Chance, etwas

Neues in meinem Leben zu erschaffen. Dann bleibe ich in dem Bereich des Festhaltens, der noch nie im Leben funktioniert hat".
Verbanne den Zweifel ein für alle Mal aus deinem Leben. Befreie dich davon. Tu ihn weg. Erkenne ihn und stelle ihn ab. Er ist nutzlos, er ist sinnlos, er ist gemein und eine Täuschung. Er ist eine Täuschung, er ist ein Geschwür. Gehe ohne Zweifel durch dein Leben. Geh durch dein Leben in deiner Stärke und du wirst sehen, du wirst immer in deinem Leben gewinnen und solltest du mal nicht gewinnen, hast du trotzdem dein Bestes getan.
Beginnst du im Zweifel, hast du bereits verloren.
Los! Triff diese Entscheidung. Der Zweifel ist die Ursache für viele, viele, viele Dinge in deinem Leben, die du nie haben wolltest. Verabschiede dich von ihm und sag ihm, dass du viele Jahre gemeinsam mit ihm gelebt hast, aber seine Zeit nun zu Ende ist. Er hat dir nichts gebracht. Deshalb entscheide dich für eine glorreiche Zukunft - die glorreiche Zukunft des starken, mächtigen, des wahren Schöpfers.

## Kapitel 33
## Die drei Zeitzonen – NOCHMALS!

Ich weiß, dass manche Lebenslehrer sagen, dass es zwar die Vergangenheit, die Zukunft und die Gegenwart gibt, dass die einzige Zeitzone, in der wir leben, jedoch die Gegenwart ist. Sie sagen.

„Es gibt keine Vergangenheit, es gibt keine Zukunft. Wir leben im Hier und Jetzt". Schön gesagt, aber ich bin der Meinung, dass das recht profan und etwas zu einfach ist. Stattdessen sollten wir anfangen zu akzeptieren, dass wir in drei Zeitzonen leben. Wir können nicht anders. Wir sind so konzipiert.
Natürlich kannst du dem Rat dieser Lebenslehrer folgen, dich in ein einsames Kloster begeben, wo kein Mensch dich mehr ablenkt und du über das Hier und Jetzt meditierst, dir ansiehst, wie der Grashalm wächst, hörst, wie die Vögel pfeifen und dich darüber freust, wie wundervoll die Blumen blühen.
In unserem Leben ist es so, dass du in dem Moment, in dem jemand auf dich zu kommt und dich fragt, was du gestern gemacht hast, mit deinen Gedanken in der Vergangenheit bist, und jeder Gedanke bringt ein Gefühl mit sich und dieses Gefühl spürst du in der Gegenwart. Oder wenn jemand in der Gegenwart kommt und dich fragt, was du morgen machst, gehst du automatisch, und dafür können wir nichts, in die Zukunft, holst dir dementsprechend den Gedanken her und somit auch das passende Gefühl, das du dann in der Gegenwart spürst. Fühlen ist eine Gegenwartssache. Denken passiert in drei verschiedenen Zeitzonen. Ich denke deshalb, dass die oben genannten Lehren eine Flucht sind, eine Flucht vor der Vergangenheit und der Zukunft. Doch wenn wir so konzipiert sind, warum sollten wir flüchten? Erkennen wir doch lieber an, dass wir so sind und nutzen wir dies zu unserem Vorteil! Wenn ich dich heute frage, was du gestern gemacht hast, kannst du zwischen unzähligen Erlebnissen auswählen. Was du mir aber auf die

Schnelle sagen wirst, entspricht immer eins zu eins deinem aktuellen Zustand, sprich deinem Gefühlszustand im Hier und Jetzt.
Genauso ist es, wenn ich dich frage ,was du morgen oder in einem Monat machen wirst? Du kannst auswählen aus allem, was du erleben willst, aber es wird immer die Antwort kommen, die deinem derzeitigen Gefühlszustand entspricht.
Und wenn ich dich frage, was du jetzt in dem Raum siehst, während du gerade dieses Buch liest, was wirst du spüren? Du wirst das wahrnehmen, was deinem derzeitigen Gefühlszustand entspricht und damit dem Zustand deiner Innenbereiche:
Bist du frei von Sorgen, bist du frei von Schuldgefühlen, bist du glücklich, bist du lebenslustig und lebensfreudig, hast du einen Topzustand, fühlst du dich gut, bist du selbstbewusst, hast du Spaß in deinem Leben, hast du Vertrauen und Sicherheit und lebst das, was du wirklich bist, nämlich die LIEBE? Dann wirst du mir die entsprechenden Antworten geben. Auf was warten wir also noch? Lass uns doch einfach unsere Innenbereiche verändern und somit verändert sich die Sichtweise auf unsere Vergangenheit, auf unsere Gegenwart und auf unsere Zukunft. Gedanken springen in Zeitzonen hin und her, aber das Gefühl, das erleben wir in der Gegenwart. Und dieses Gefühl wird in die Matrix kopiert und es wird in Form von Erlebnissen und Begebenheiten wieder in die Zukunft gesetzt, weil die Matrix uns immer wieder in dem Gefühl bestätigen muss, das wir jetzt im Moment in unserem Herzen tragen.
Ergo: Triff die Entscheidung, dass es dir jetzt im Moment saugut geht, egal in welcher Situation du bist. Es gibt Menschen, die haben weniger, die würden sich freuen, wenn sie das hätten, was du hast. Also genieß es doch. Es geht um deinen Innenbereich, und dein Innenbereich beeinflusst dauerhaft deinen Außenbereich.
Lass uns das erkennen und lass es uns tun. Lass uns in das tolle Gefühl eintreten. Glücklichsein ist eine Wahl und keine Folgeerscheinung. Gesundheit ist auch eine Wahl. Geld ist eine Wahl, aber Gesundheit und Geld sind keine direkte Wahl, sondern eine indirekte, denn ich

bekomme sie dann, wenn ich mich gut fühle, wenn ich stolz bin, wenn ich selbstbewusst bin. Alles kommt, wenn der Innenbereich positiv ist und den Innenbereich kann ich als Mensch - und das ist die große Kunst - jederzeit selbst bestimmen und frei wählen, was andere Lebewesen in dieser Art und Weise nicht können. Was stehen dir für Türen und Tore offen in deinem Leben, wenn du darauf vertraust und deinen Innenbereich veränderst? Dann hast du sofort gewonnen, und du bist leistungsfähiger, du bist konzentrierter, du bist optimistischer, du hast eine bessere Ausstrahlung.

Denke immer daran, gerade im geschäftlichen Bereich: Wenn zwei sich treffen, siegt immer der emotional Stärkere.

Was heißt das „Emotion"? Emotion beschreibt, wie ich mich fühle, sprich den Innenbereich. Wenn du das lebst, was du wirklich bist, nämlich LIEBE, was soll dir passieren? Wenn du das lebst, was du NICHT bist, nämlich Angst, was wird dir dann passieren? Also entscheide dich, die LIEBE zu LEBEN. Und wenn es nicht gut geht? Okay, ich akzeptiere den Worst Case. Ich sage dir jedoch: Von mehr als 1000 Probanden hat es bei jedem funktioniert. Es hat schon immer funktioniert, es funktioniert im Moment und es wird auch noch in tausend Jahren funktionieren. Also geh mit auf eine Reise, auf eine Reise in ein glückliches, schönes Leben, auf eine Reise, die du selbst bestimmen kannst, auf eine Reise, während der du über dich hinauswächst, eine Reise, bei der du wie Phönix aus der Asche aufsteigst und die Menschen in deinem Umfeld sagen: „Was ist mit dem passiert? Was ist der Grund dafür, dass er plötzlich so erfolgreich, so schön, so attraktiv, so intelligent geworden ist?" All das hast du in der Hand, wenn du deine Innenbereiche veränderst. Wenn du nun weißt oder zumindest vermutest, dass dies genau so ist, dann müsste das doch einen gewissen Reiz- und Spaßfaktor in deinem Leben auslösen, stimmt's?

## Kapitel 34
## Klau dir die Gefühle - nochmals zur Vertiefung!

Ich möchte dir jetzt zum Abschluss noch etwas mitgeben: Ich habe dir gesagt, es gibt drei verschiedene Zeitzonen, in denen wir leben: die Vergangenheit, die Gegenwart und die Zukunft. Die Gedanken springen unkontrolliert in diesen drei Zeitzonen herum und holen - wie du vorhin schon gelesen hast - die passenden Gefühle dazu in die Gegenwart.

Wir werden jetzt so tun, als hättest du diese Übung noch nicht gemacht. Ich möchte nämlich, dass du das Klauen der Gefühle zu 100 Prozent verinnerlichst und es bewusst wahrnimmst, denn deine Gefühle werden von der Matrix in Form von Erlebnissen und Ereignissen in die Zukunft projiziert.
Welchen Innenbereich würdest du denn gerne umlenken? Nochmal Liebe? Okay.
Wo willst du dir dieses Gefühl klauen, aus der Vergangenheit, der Gegenwart oder der Zukunft? Beginnen wir wieder mit der Vergangenheit: Schließ die Augen und versetz dich jetzt mal in eine Situation, in der du Liebe so stark empfunden hast wie noch niemals zuvor. Hast du das Gefühl? Okay. Schraub dieses Gefühl weiter nach oben. Du kannst es verstärken, stimmt's? Du spürst diese unbeschreibliche Liebe, dieses Wunderschöne, das du erlebt hast. Ich weiß nicht, wo - vielleicht bei deiner Mama, deinem Papa, vielleicht, als du dein Kind geboren hast, vielleicht bei einem besonderen Date. Spüre diese Liebe. Und jetzt mach deine Augen auf, und du spürst, dass dieses Gefühl in der Gegenwart immer noch da ist.
Du spürst es jetzt, stimmt's? Und genau das wird jetzt kopiert in deinem Leben und wieder in die Zukunft gesetzt.
Was hättest du noch gerne? Machen wir noch ein Beispiel.

Nehmen wir nochmal Stolz? Okay. Wo willst du dieses Gefühl des Stolzes klauen: aus der Vergangenheit, aus der Gegenwart oder aus der Zukunft? Wir nehmen nochmal die Gegenwart: Du hast gerade dieses Buch in der Hand. Nicht jeder kann sich dieses Buch leisten. Und der, der es sich leisten kann, der hat vielleicht nie danach gegriffen.
Du hast es getan, vielleicht könnte man sagen, du wurdest geführt. Schau dich mal an. Schau mal deine Gesundheit an. Hast du nicht allen Grund darauf stolz zu sein? Schau dich mal dort um, wo du gerade bist, vielleicht ist es ein Raum, vielleicht die Natur. Ich weiß nicht, wo es ist, doch ist es nicht schön, macht es dich nicht stolz, das wirklich so bewusst erleben zu können?
Spüre mal diesen Stolz in deinem Körper, in deinem Emotionalkörper, dieses Gefühl lässt sich verstärken, und jetzt spüre, wie dich dieses Gefühl jetzt in der Gegenwart übermannt. Du bist gerade stolz, und dieses Gefühl wird in Form von Erlebnissen und Begebenheiten in die Zukunft projiziert. Was hättest du noch gerne für ein Gefühl? Nochmal Glücklichsein? Okay, dann holen wir das jetzt aus der Zukunft. Stell dir einen Moment vor, in dem du vollkommen glücklich bist, in dem alles aufgegangen ist, wie du frei von Sorgen und Ängsten bist, wenn du morgens aufwachst, und Schuldgefühle für dich überhaupt nicht mehr existent sind und du eine enorme Lebenslust und Lebensfreude verspürst, in einem unglaublich starken und selbstbewussten Zustand bist und dich einfach super fühlst. Du bist selbstbewusst, du bist stolz, du hast Spaß, du liebst das Leben, du liebst die Menschen, du liebst die Welt. Du bist einfach glücklich, denn du weißt, du kannst Dir und dem Leben vertrauen. Das bringt Sicherheit und du lebst das, was du wirklich bist, nämlich Liebe. Und jetzt beobachte, wie dieses schöne Gefühl in deine Gegenwart kommt. In deiner Gegenwart spiegelt sich jetzt genau dieses Gefühl wider. Ist das nicht schön, ist das nicht der Beweis, dass es funktioniert? Ist es nicht klar, dass somit die Zukunft immer in diese Richtung geht, so wie bisher auch? Dein Gefühl projiziert sich in die Zukunft.

Ich liebe dich. Ich liebe dich wirklich. Und wenn du sagst: „Hey du kennst mich doch gar nicht!“, dann sage ich dir: Ich liebe mich. Ich liebe das Leben. Ich liebe den Planeten. Ich liebe alle Lebewesen und vor allem liebe ich die Menschen. Ich kann und will nicht anders. Ich habe meine Innenbereiche alle nach oben geschraubt, und somit kann ich gar nicht anders. Ich muss dich nicht kennen, um dich zu lieben, und es wäre einer der größten und schönsten Momente in meinem Leben, wenn ich dich, dich wahres Wunderwerk der Menschheit, auf einem Day of Change® persönlich kennenlernen dürfte.

## Kapitel 35
## Du kannst nichts dafür

Ich möchte dir nochmals sagen, dass ich dich unglaublich schätze und ehre, auch wenn wir uns vielleicht noch nicht persönlich kennengelernt haben. Warum sage ich das? Für alles in unserem Leben gab es eine Schule: für Lesen und Schreiben, für Mathematik, zum Kochen, zum Fußballspielen, zum Autofahren, für unseren Beruf, eigentlich für alles. Alles mussten wir mal erlernen, bevor wir es umgesetzt haben, und vorher wurden wir noch geprüft und begleitet. Das, was uns aber keiner lehrt, ist, wie das Leben funktioniert. Hier werden wir ins kalte Wasser geschmissen,

nach dem Motto: „Jetzt bist du volljährig und jetzt leb dein Leben". Das Schwierigste, was es gibt, das Leben selbst, sollen wir ohne Anleitung meistern. Warum ist das so?

a) Weil die wenigsten es wirklich wissen, sprich unter Beweis gestellt haben, wie das Leben funktioniert, und
b) weil manche Menschen gar nicht wollen, dass wir in unserem Leben glücklich und erfolgreich sind.

Wenn man bedenkt, dass du nicht wusstest, wie das Leben funktioniert und dass Schuldgefühle sowie Sorgen und Ängste nutzlos sind, hast du Grandioses in deinem Leben erreicht und bewältigt. Das weiß ich, auch wenn ich dich und deine derzeitige Situation nicht kenne. Obwohl du nicht wusstest, wie es geht, warst du doch echt gut. Stimmt's?

Da du es nun weißt und verinnerlicht hast, wie das Leben funktioniert, wird nichts mehr so sein, wie es mal war.

Der Unterschied zwischen Wissen und Weisheit ist, dass Weisheit angewandtes Wissen ist. Wir Menschen im 21. Jahrhundert stellen jedoch immer noch das Wissen über die Weisheit.

Wissen bringt uns nichts. Wenn du ein Buch liest und dann sagst: „Ja, das ist toll und somit wird sich auch mein Leben ändern, denn ich schlafe auf dem Buch“, wird sich nichts bewegen. Erst wenn du beginnst, diese Techniken, diese Sichtweise in deinem Leben zu verinnerlichen, so dass du nicht mehr darüber nachdenken musst, dann wird sich dein Leben wirklich zu 100 Prozent verändern.
Das ist der Grund dafür, dass ich eine Lebensschule gegründet habe. Das ist der Grund dafür, dass ich als Trainer ausgestiegen bin, um mich dem Dienst an den Menschen zu widmen, sprich eine Schule aufzubauen für jedermann, aus allen Altersschichten, aus allen Einkommensschichten, aus allen Bildungsschichten, gesund oder krank, glücklich oder unglücklich.
Ich habe schon lange aufgehört den Menschen zu bewerten. Der Mensch ist der Mensch. Alle Menschen sind gleich viel wert und vor allem sind sie es wert, ihnen zu helfen und ihnen den Weg zu einem glücklichen und erfolgreichen Leben zu zeigen.
Dafür stehe ich mit meinem Namen, dafür steht das Life-Coaching-Center mit seinem Namen und dafür stehen die wunderbaren Persönlichkeiten, die daran mitwirken, eine neue Welt zu schaffen,
eine neue Welt aus Frieden, Glück, Gesundheit und Erfolg.
Die Liebe ist das, was uns bewegt. Aus ihr kommen wir und in sie gehen wir zurück. Ich würde es lieben, dich irgendwann mal persönlich kennenzulernen und dich auf einem Day of Change® zu sehen.
Diesen Tag, den Tag der Veränderung, einen Day of Change®, den würde ich dir gerne schenken, weil du dieses Buch nicht nur gelesen hast, sondern bereits begonnen hast, es zu verinnerlichen. Die Informationen dazu, wie du dieses Geschenk bekommst, findest du auf der nächsten Seite.

Dein Freund Ewald

Um dich für ein Freeticket zu einem Day of Change® zu bewerben und die Übungsblätter herunterzuladen, gehe wie folgt vor:

Wenn du das Buch von einem Schüler des LCC geschenkt bekommen hast, gib den folgenden Link mit dessen Namen ein:

**Vorname-Name.lcc-impulse.de/deinBuch.html**

Hast du dir das Buch selbst gekauft, lautet der Link wie folgt:

**www.lcc-impulse.de/deinBuch.html**